《古代汉语知识教程》学习指导书

张双棣 张联荣
宋绍年 耿振生 编著
吴鸿清 李杰群

北京大学出版社
北　京

图书在版编目(CIP)数据

《古代汉语知识教程》学习指导书 / 张双棣等编著. 一北京：北京大学出版社, 2002.9

ISBN 978-7-301-05846-6

Ⅰ.古… Ⅱ.张… Ⅲ.汉语一古代一高等学校一教学参考资料 Ⅳ.H109.2

中国版本图书馆 CIP 数据核字(2002)第 061483 号

书　　名	《古代汉语知识教程》学习指导书
著作责任者	张双棣等
责任编辑	刘　正
标准书号	ISBN 978-7-301-05846-6/H·0788
出版发行	北京大学出版社
地　　址	北京市海淀区成府路 205 号　100871
网　　址	http://www.pup.cn　新浪微博：@北京大学出版社
电子邮箱	zpup@pup.cn
电　　话	邮购部010-62752015　发行部010-62750672
	编辑部010-62752028
印刷者	北京虎彩文化传播有限公司
经销者	新华书店
	850毫米×1168毫米　32开本　6印张　149千字
	2002年9月第1版　2025年1月第17次印刷
定　　价	10.00元

未经许可，不得以任何方式复制或抄袭本书之部分或全部内容。
版权所有，侵权必究
举报电话：010-62752024　电子邮箱：fd@pup.cn
图书如有印装质量问题，请与出版部联系，电话：010-62756370

目 录

第一部分 文 字

第一章 汉字的产生和性质 …………………………… (3)
  第一节 汉字的产生 …………………………… (4)
  第二节 汉字的性质 …………………………… (6)

第二章 汉字的字体演变 …………………………… (8)
  第一节 甲骨文 …………………………… (9)
  第二节 金文 …………………………… (10)
  第三节 秦系文字 …………………………… (11)
  第四节 六国文字 …………………………… (12)
  第五节 隶书 …………………………… (12)
  第六节 草书和楷书 …………………………… (14)

第三章 汉字的字形结构 …………………………… (16)
  第一节 六书和三书 …………………………… (16)
  第二节 象形字 …………………………… (18)
  第三节 指事字 …………………………… (18)
  第四节 会意字 …………………………… (19)
  第五节 形声字 …………………………… (19)

第四章 汉字的应用和发展 …………………………… (21)
  第一节 假借 …………………………… (21)
  第二节 分化 …………………………… (22)
  第三节 简化 …………………………… (23)
  第四节 异体 …………………………… (24)

第五章　汉字的历史贡献 …………………………………… (25)

第二部分　词　汇

第六章　对古汉语词汇的基本认识 ………………………… (31)
　　第一节　单音节词的优势地位 …………………………… (32)
　　第二节　古代汉语中值得注意的几种词汇类型 ………… (33)
第七章　古代汉语中词汇与文字的关系 …………………… (41)
　　第一节　繁简字 …………………………………………… (42)
　　第二节　异体字 …………………………………………… (43)
　　第三节　同形字 …………………………………………… (44)
　　第四节　假借字 …………………………………………… (46)
　　第五节　区别字 …………………………………………… (48)
第八章　古汉语词汇中词的意义 …………………………… (53)
　　第一节　对词义的基本认识 ……………………………… (54)
　　第二节　义位 ……………………………………………… (56)
　　第三节　义素 ……………………………………………… (58)
第九章　词义的发展变化 …………………………………… (62)
　　第一节　古今词义的异同 ………………………………… (63)
　　第二节　词义的引申——词的本义和引申义 …………… (64)
　　第三节　词义引申的方式 ………………………………… (65)
　　第四节　词义范围的变化 ………………………………… (67)
　　第五节　词义变化的义素分析 …………………………… (70)
第十章　古汉语中词与词的意义关系 ……………………… (75)
　　第一节　同义关系 ………………………………………… (76)
　　第二节　反义关系 ………………………………………… (78)
　　第三节　类义关系 ………………………………………… (80)
　　第四节　上下义关系 ……………………………………… (82)

| 第五节 | 词的同源关系 | (83) |
| 第六节 | 词义关系的变化 | (86) |

第十一章　词汇的发展变化 (89)
第一节	旧名的继承与消亡	(90)
第二节	新名的生成	(91)
第三节	古汉语词汇的系统问题	(94)

第三部分　语　　法

第十二章　古代汉语的基本词类 (101)
第一节	名词	(104)
第二节	代词	(106)
第三节	形容词	(108)
第四节	数词	(109)
第五节	动词	(110)
第六节	副词	(110)
第七节	介词	(113)
第八节	连词	(114)
第九节	助词	(115)
第十节	语气词	(115)

第十三章　古代汉语的基本句法结构 (125)
第一节	联合结构	(126)
第二节	偏正结构	(126)
第三节	主谓结构	(127)
第四节	述补结构	(127)
第五节	述宾结构	(128)
第六节	连谓结构	(129)
第七节	助词结构	(129)

第十四章 古代汉语的基本句类	(134)
第一节 判断句	(135)
第二节 描写句	(136)
第三节 叙述句	(137)
第四节 复句与单句	(138)

第四部分 音　　韵

第十五章 关于汉语音韵的入门知识	(145)
第一节 为什么要懂一点汉语古音	(146)
第二节 标注古音的方法	(147)
第三节 汉语古音的分期	(148)
第十六章 汉语古音是怎样研究出来的	(150)
第一节 根据韵书和反切分析音类	(151)
第二节 根据等韵图分析音类的语音性质	(153)
第三节 从其他文献考证音类	(155)
第四节 根据方言、亲属语言、对音等拟测音值	(156)
第十七章 《切韵》音系	(158)
第一节 《切韵》概说	(160)
第二节 《切韵》音系的声母	(162)
第三节 《切韵》音系的韵母	(164)
第四节 《切韵》音系的声调	(167)
第十八章 唐诗宋词韵部	(169)
第一节 近体诗的韵部	(170)
第二节 唐代古体诗的韵部	(171)
第三节 宋词韵部	(171)
第十九章 先秦音系	(173)
第一节 先秦的声母	(174)

第二节　先秦的韵部与上古诗文押韵……………………(175)
第三节　先秦的声调………………………………………(176)
第二十章　《中原音韵》音系……………………………(178)
第一节　《中原音韵》的声母………………………………(179)
第二节　《中原音韵》的韵母………………………………(180)
第三节　《中原音韵》的声调………………………………(181)

第一部分 文 字

第一部分 文 学

第一章　汉字的产生和性质

★ **学习内容提要**

　　文字部分主要讲授了汉字的产生和性质、汉字的字体演变、汉字的字形结构、汉字的应用和发展以及汉字的历史贡献。

★ **教学目的要求**

● 学习文字部分主要认识汉字是怎样产生的,汉字的性质、汉字字体演变的三个阶段及其特点、汉字字形结构的理论、汉字的应用和发展的主要特点和汉字的历史贡献。

● 文字部分学习的基本要求是:熟悉本章讲授的基本概念;理解本章讲授中所举的例证,能用本章讲授的基础知识分析认识汉字的字形结构及其他文字问题。

★ **重要名词概念**

文字画　图画文字　仓颉　字符　甲骨文　甲骨卜辞　金文　钟鼎文　秦书八体　大篆　小篆　刻符　虫书　摹印　署书　殳书　隶书　古文　奇字　佐书　缪篆　鸟虫书　籀文　楷书　真书　正书　草书　章草　今草　狂草　行书　石鼓文　古隶　隶定　六书　三书　四体二用　本字　假借字　假借义　古今字

★ 学习重点提示

文字部分共五章：一、汉字的产生和性质；二、汉字的字体演变；三、汉字的字形结构；四、汉字的应用和发展；五、汉字的历史贡献。重点掌握第二、三、四个问题。

第一节　汉字的产生

关于汉字的产生，主要注意掌握以下问题：

一、文字产生与发展的原因

随着人类生活的日益丰富和复杂化，有声语言受到时间和空间的制约，越来越显出它的局限性。为了克服有声语言在时间和空间上的局限，人类最终创制了记录有声语言的视觉符号系统——文字。随着物质财富有了剩余，社会对财富的占有也出现了差距，于是出现了阶级分化，人类进入奴隶制社会。奴隶主阶级强烈需要使用文字来管理国家。在这种情况下，文字快速发展起来，逐步趋于完善和成熟。

二、结绳、契刻和八卦与汉字起源的关系

原始人类曾采用各种实物辅助手段（其中最重要的是结绳和契刻）帮助记忆。中国古代还有八卦，有人认为它是文字的起源。这种看法是没有根据的。八卦是一套符号系统，这些符号是巫人用来占卜吉凶的算筹的各种排列方式，用来象征世上的各种事物。八卦的产生远在文字产生之后，甚至是在文字相当发达的时候。八卦不是文字，与文字没有关系。

三、画与文字起源。文字画与图画文字

文字起源于图画。文字画通过画面表达画者的思想意图,具有辅助记事和交际的作用。但文字画没有跟语言发生直接的对应关系,它没有固定的读音,看画的人可以用各自所操的语言去解读。所以文字画不是文字。

文字画进一步发展,经过相当长的时间,形成图画文字。图画文字是文字的雏形,或者称作原始文字。它与有声语言有直接联系,它记录了语言中词的声音和意义。

四、石器时期陶器上刻画的符号的类型及其特点

两种类型:一类是在仰韶文化时期的西安半坡遗址等发现的,一类是在大汶口文化时期陵阳河遗址等发现的。对仰韶半坡文化的刻画符号的认识主要有两种意见。郭沫若认为是具有文字性质的符号。裘锡圭认为只是一些记号,这些记号跟象形为基础的古汉字不是一个系统,但他们对古汉字的形成有一定的影响,古汉字的数字就是从那里吸收来的。对大汶口文化主要刻划符号的认识:(1)唐兰的观点:他们是已经进步的文字。(2)于省吾的观点:是原始文字由发生而日趋发展的时期。(3)裘锡圭的观点及其变化:起初认为跟古汉字一脉相承,是原始文字。后来认为把这些符号看作原始文字根据不足。可以看作是原始文字的先驱。(4)教材的观点:大汶口期的陶器刻划符号是目前所发现的最早的汉字。一是它具有与甲骨金文一样的象形意味;二是它已经出现合体会意字,三是不同的地方有共同的形体。

第二节　汉字的性质

关于汉字的性质主要掌握以下问题：

一、如何判定一种文字的类型

文字的类型，是由构成这种文字的字符的特点来决定的。可以从不同的角度去分析字符的特点，以判定这种文字所属的类型。(1) 从字符的表意、表音作用来划分，文字可以分为象形文字、表意文字、表音文字；(2) 从字符与语言中各要素的关系来划分，文字可以分为句意文字、表词文字、语素文字、音节文字、音素文字（字母文字）。

二、构成汉字的三种字符

构成汉字的三种字符是：表意字符、表音字符、记号。从汉字字符的性质看，主要是表意字符和表音字符，某些记号字本来也是从表意字和表音字变化来的。表音字符又大多含有意义，因此汉字可以称之为意音文字。

三、教材所说的"表意文字"的概念与西洋学者所用的"表意文字"的概念有什么不同

西洋学者所用的表意文字的概念是用来贬低汉字的，他们认为汉字是表意文字，是文字发展的低级阶段的一种形态。我们则认为表音、表意是文字发展的两个不同方向。西洋学者的文字发展阶段论是以研究印欧语的文字体系为标准而得出的结论，不是一般文字的发展规律。

四、汉字体系的形成

汉字是一种成熟的完善的文字体系,这种文字体系在商代后期甲骨文时代已经基本形成,周秦之交已经完全形成。汉字是适应汉语的需要而产生的。汉语是一种非黏着的孤立型语,或称作单音节语,它的结构单位本身没有语法的变化。汉语的音节,与印欧语不同,是直接与意义相联系,是表意的语音单位,汉民族语音感知单位是声韵调而不是音素,声韵调是能够区别意义的。汉语的这种语言结构特点决定了汉字的性质。独立形成的文字体系如古埃及文字、两河流域的楔形文字、汉字,都是以表意为主的意音文字。古埃及圣书文字和楔形文字,后来都消亡了。汉字不但没有消亡,而且一直沿着固有的方向发展,突出其表意功能,发展为成熟完善的表意文字体系,所以,要想抛弃汉字的表意体系,用表音文字去取代它,是完全没有必要的,也是行不通的。

关于汉字的性质或类型既是一个比较大的理论问题,同时也是具有实际意义的现实问题。比如西方学者的观点对中国学者有什么影响,对现代汉字的发展演变有什么影响等等就是很实际的问题。学习的时候首先要理解教材的基本观点,同时应该注意理论联系实际,通过研究,对这个问题提出自己的看法。

第二章 汉字的字体演变

这一章中涉及的基本概念比较多,学习时要注意掌握以下问题。

一、秦书八体及其分类方法。各体名称的涵义

秦书八体是:大篆、小篆、刻符、虫书、摹印、署书、殳书、隶书。这八种字体,是从两个不同的角度来分类的。大篆、小篆、隶书是汉字发展不同时期的字体,而刻符、虫书、摹印、署书、殳书是不同用途的特殊字体。刻符是刻在符契上的文字;虫书又叫鸟虫书,是用于旗幡上的文字,笔划屈曲细长有如鸟虫;摹印是印章上的文字;署书是用于封检签署的文字;殳书是兵器上的文字。这几种字体的基础都是篆书,只是在形体上加些艺术色彩而已。

二、新莽时代的"六书"及各书的涵义或用途

新莽时代的"六书"是:一曰古文,孔子壁中书也;二曰奇字,即古文而异者也;三曰篆书,即小篆也;四曰佐书,即秦隶书;五曰缪篆,所以摹印也;六曰鸟虫书,所以书幡信也。

三、大篆与小篆

大篆的名称始见于《汉书·艺文志》。小篆是用以区别于大篆,指秦始皇书同文字,向全国推行的一种字体。

四、汉字字体演变的阶段及其特点

汉字字体演变有三个阶段：1. 从甲骨文金文到小篆。2. 从小篆变为隶书。3. 从隶书变为楷书。各个阶段的特点是：

1. 甲骨文、金文更接近图画的写实象形，而小篆笔划圆转规整，逐渐与物形疏远。甲骨文刀刻的痕迹明显，金文则铸型肥厚，它们形体比较随意，笔划少的字占的地方小，笔划多的字占的地方大，小篆形体整齐，笔划多少都占一格。

2. 小篆到隶书，是字体变化最大的一次，是古文字变为今文字的转折点。小篆的字形结构被打破，象形意味淡薄，符号性加强。小篆的圆转笔势到隶书一般变为方折及横、撇、捺等笔画。小篆变为隶书，现代文字笔划的基本格局已经形成。

3. 隶书到楷书，除用笔有些变化，字体结构基本没有什么变化。

第一节 甲骨文

1. 甲骨文的发现及其意义

甲骨文（又叫甲骨卜辞）是目前所知道的最早的汉字体系。甲指龟甲，骨指兽骨。甲骨文即指刻在龟甲兽骨上的文字。甲骨文是在1899年被金石学家王懿荣偶然发现的。从此甲骨文得到广泛注意，收集、考释甲骨文一时形成风气，通过甲骨文研究古代社会历史开拓了史学的新领域。出现了一门新兴的学科——甲骨学。

2. 完整的甲骨卜辞记载的内容、行款的特点，识读教材中举的例子。

每一片完整的卜辞，大概记载四个方面的内容，一是占卜的日期和占卜人,称作"叙辞";二是要占卜的事,称为"命辞";三是审视兆纹,作出吉凶的判断,称作"占辞";四是事后应验的情况,称作"验辞"。

3. 为什么说甲骨文已是成熟的成体系的文字?

甲骨文已是成熟的成体系的文字,其基本字形是象形字,不过有相当数量的假借字,这些假借字也是借用象形字的字形去表示一个同音词,这个字与词的关系是借音。同时又有近五分之一的形声字,既表意又表音,这是汉字后来的发展方向。

4. 甲骨文形体的特点

从字的形体上看,甲骨文主要的特点是:(1)象形程度比较高,接近图画文字。(2)字体不规范。主要表现在:有的字方位可以颠倒;一个字可以有若干不同的形体;偏旁可以不同。

5. 董作宾《甲骨文断代研究例》将甲骨文分为五个时期,盘庚、小辛、小乙、武丁为第一期,祖庚、祖甲为第二期,廪辛、康丁为第三期,武乙、文丁为第四期,帝乙、帝辛(纣)为第五期。

6. 甲骨文研究的几部著作的特点

刘鹗的《铁云藏龟》是第一部著录甲骨文的书,孙诒让的《契文举例》是第一部考释甲骨文的书。于省吾的《甲骨文字诂林》是考释方面集大成的著作,郭沫若主编的《甲骨文合集》资料方面最丰富,孙海波的《甲骨文编》,徐中舒的《甲骨文字典》是工具书,陈梦家的《殷墟卜辞综述》是综合研究甲骨文的著作。

第二节 金 文

1. 金文名称的由来。古代称铜为金,所以铜器上的文字称为金文。金文最初发现于钟鼎等器物上,因此金文又称作钟鼎文。

2. 金文制作与研究概况

在铜器上铸铭文,开始于商代后期,两周则大为流行(西周时期是铜器铭文的鼎盛时期)。商周时代的铜器,汉代就有所发现。到了宋代,开始有人搜集研究。清代小学兴盛,著录和考释金文的著作很多。近人罗振玉、郭沫若更是对金文著录和考释作出了突出的贡献,对古文字学研究产生了较大影响。

3. 金文字体与甲骨文的异同

金文字体与甲骨文有很多不同:(1) 商代金文象形程度很高;(2) 从笔势上看,由于金文是范铸,多保存肥厚的笔法,甚至是充实的团块,而甲骨文是刀刻,一般将圆形改为方形,团块则只勾勒轮廓。(3) 金文与甲骨文一样,形体不规范。同一个字,往往有多个形体。(4) 与甲骨文比,金文的书写款式比较规整,或正或反、或斜或倒的情况比起甲骨文来少得多了。晚期金文有的已经接近小篆。

4. 春秋晚期以后金文中出现的美术字的主要特点:(1) 故意将笔划拉长,甚或作曲折宛转之势。这种曲折宛转不是按物体的形态"随体诘诎",增强形象性,而是故作姿态。(2) 在字形之外,加画鸟虫之类的装饰品。

第三节 秦系文字

1. 秦系文字的主要特点:秦国东迁以后,它占据了西周故地,因此多承袭西周的制度及文化,文字也是直接承袭西周的大篆字体。秦国在春秋及战国初期所用字体应当就是史籀大篆。目前发现的秦国文字,有石鼓文和诅楚文等石刻文字。石鼓文约刻成于春秋战国之交,即秦悼公厉公之世。石鼓文从笔法、形体均与西周金文有明显的继承关系。诅楚文大约在惠文后元至武王之际所刻,是秦王诅咒楚王而祈求天神保佑的文字。

2. 小篆的产生及李斯的贡献

小篆是秦国文字继承西周晚期金文而一脉相承的。目前保存小篆最丰富的是《说文解字》。《说文》收字 9353 个,虽然有一些不免在流传过程中有些讹错,但它仍具有极高的价值,是我们了解小篆的最宝贵的资料,同时也是我们解读甲骨文、金文的不可或缺的桥梁。

李斯等人作《仓颉篇》等是一项整理秦国文字的工作。李斯所作的整理,主要是:(1)划一各种偏旁的形体,使之固定。(2)确定偏旁在字中的位置,一般不再随意变换。(3)字的形旁确定,一般同字不能用不同的形旁。这样一来,汉字的形体基本趋于定型化。

第四节 六国文字

六国文字又称古文,指战国时期楚、齐、燕、赵、魏、韩六国的文字。现在见到的六国文字,除《说文》保留的古文外,主要有战国时六国的铜器铭文,以及玺印、货币、兵器、简帛上的文字。

六国文字的特点有二:(1)草体或俗体流行。六国文字发展变化剧烈,各国流行的新颖字体不断出现。这些字体大多是因草率的笔法固定而形成的所谓俗体。这些俗体或简省笔划,或增添笔划。简省者多于增添者。简省或增添所形成的字体,多在某一国某一地区通行。(2)文字异形。

第五节 隶 书

1. 古隶和今隶。古隶是指早期的隶书,今隶则指汉代逐渐成熟的隶书。

2. 隶书的产生及其特点。隶书当在战国末期就产生了,它是在秦国篆书的基础上产生的。秦地处宗周故地,文字比较保守,但到战国后期,文字应用越来越多,而篆书笔势圆转,费力费时,人们书写时,为求快,多有草率急就之处,久而久之,形成所谓草篆——隶书的雏形了。

研究秦隶书的基本材料是睡虎地秦墓中所发现的竹简,其文字与正规篆文有了很大的区别。说明这种字体已经脱离篆文而形成一种新的字体,这种新字体就是早期的隶书,即古隶。大约西汉武帝、昭帝之后,笔法几乎完全脱离了篆体,而且逐渐形成了波挑的笔势。所谓"波势"、"挑法"是指较长的横划,先向左微顿,然后向右稍带波浪式,收笔时有捺脚并略向上挑。撇划收笔时也略向上挑。整个字形逐渐从略呈长方形变成略呈扁方形。这种笔势的出现,说明隶书已经从古隶演变成汉隶,隶书已经成熟了。这种发展,到东汉时期已经完成。

从篆文发展成隶书,除笔法笔势的改造之外,更主要的是字形结构的改造,这种改造,主要是简化。(1) 将篆文的圆转相连的笔划,分解成平直的不同的数笔。(2) 将篆文相同的偏旁转化为不同位置的不同的写法。(3) 将篆文不同的部件归并为相同的偏旁。① 篆文单个部件归并为相同的偏旁。② 篆文多个部件归并为相同的偏旁。(4) 将篆文复杂的笔划省并为简单的笔划。(5) 将篆文繁杂的字形省略一部分。

3. 隶变的意义

篆书演变成隶书,是汉字发展史上最大的也是最重要的变化。这种变化称作隶变。隶变的结果使汉字从古文字阶段,走上了今文字的道路。隶书打破了以象形为基础的构造方式,符号性大大加强了。隶变是古今文字的分水岭。隶书取代了篆书,汉字结束了以象形线条为标识的古文字阶段,而进入以笔划为标识的隶楷阶段。

4. 隶变与隶定的概念

汉末人用隶书的笔法来书写古文字的字形,人们称之为"隶古定"。后来有人把用楷书的笔法书写古文字字形称作"隶定"。"隶定"和"隶变"是两个不同的概念。"隶定"和"隶变"所形成的字形是不同的。

第六节 草书和楷书

1. 草书的概念。草书,有广狭二义。广义的草书指各种字体的草率写法;狭义的草书专指汉字演变中产生的一种特定的字体。广义的草书教材称为草体。

2. 草书的产生、演变及其特点。作为特定字体的草书,是在古隶草体的基础上形成的。秦汉之际,古隶草体中已经有草书字形的萌芽,如草古隶中已有连笔的。脱胎于草古隶的草书称作章草。所谓章草,是说尚有隶书章法的草书。这种字体,大约在西汉中后期就已经基本形成了。章草发展到晋代,抛弃了其尚存的波势挑法,采用某些楷书的笔法(当时楷书已经产生),不仅每字的笔划多有勾连,字与字之间笔划也常互相勾连,从而形成了今草。今草比章草更便于书写,比章草笔划更简省,或者说,今草比章草更草,因此也就更不易辨识。今草的代表人物有晋代的王羲之,其传世的草书帖,多为今草。到了唐代,张旭、怀素等人又在今草的基础上随心所欲地增损勾连,字与字之间几乎分不出界限,这就是所谓狂草。这种狂草,一般人简直无法辨识,完全失去了交际的功能,而成为一种只供欣赏的纯艺术品。

3. 楷书的概念。楷书是汉字隶楷阶段的重要字体。楷书又名正书或真书。楷是法式、楷模的意思。

4. 楷书的产生、演变及其特点。楷书是在汉隶草体的基础上形成的,同时受了草书的影响。楷书的形成,大约在东汉后期。魏晋时代是它与今隶并行的时期。南北朝以后,楷书取代了今隶而成为通行的标准字体。

　　楷书和今隶在形体构造上没有多大的变化,只是在笔法上有所改造。楷书抛弃了今隶的波势挑法,笔划横平竖直,不再有波势,收笔也不再上挑,而一般以顿笔收笔。左撇不再有较粗的收笔,而是采用了草书的细尖。右捺也去掉了今隶上挑的笔法,但仍保留有捺脚。就整个字势来说,今隶较为舒展,而楷书较为集中,今隶略呈扁平,而楷书稍显竖长。

　　楷书克服了隶书难写的缺点,吸收了草书便捷的长处,而又工整易于辨识,因此自南北朝以后,一直到现在,都是正规场合的标准字体,虽然有些简体字产生,但总体上没有什么大的变化。

　　5. 行书。在今隶草体的基础上产生过早期的行书。它继承了今隶草体或某些草书的笔法,同时吸收了楷书的笔法。这种字体与今隶草体及楷书的界限并不十分明显。行书的发展,逐渐成为介乎楷书与今草之间的一种字体。它没有固定的规矩,写得接近楷书的,叫做行楷;写得接近草书的,叫做行草。总之,行书比草书规矩整齐,容易辨识,又比楷书自由灵活,便于书写,成为人们日常书写的常用字体。

第三章 汉字的字形结构

这一章主要注意掌握以下问题。

第一节 六书和三书

1. 六书。传统分析汉字结构的说法。六书之名始见于《周礼》。作为教国子的六艺的一部分,大概是识字的科目。东汉班固《汉书·艺文志》第一次明确指出六书是象形、象事、象意、象声、转注、假借等六种造字的方法。汉末郑玄《周礼注》引郑众的解释:"六书,象形、会意、转注、处事、假借、谐声也。"对六书解释最详细的汉代学者是许慎,他在《说文解字·叙》中说:"周礼八岁入小学,保氏教国子,先以六书。一曰指事,指事者,视而可识,察而见意,上下是也;二曰象形,象形者,画成其物,随体诘诎,日月是也;三曰形声,形声者,以事为名,取譬相成,江河是也;四曰会意,会意者,比类合谊,以见指㧑,武信是也;五曰转注,转注者,建类一首,同意相受,考老是也;六曰假借,假借者,本无其字,依声托事,令长是也。"班固、郑众、许慎三家对六书的解释,虽然名称用字及次序有所不同,因其同出一源,基本内容和思想是一致的。这是汉儒古文经学派对汉字造字理论的认识。这一理论认识因许慎作有《说文解字》,用它分析了9353个汉字,对后世影响很大,一直是后代学者分析汉字所遵循的标准。

2. 戴震提出的"四体二用"说。清代学者戴震对六书是造字之本提出了质疑。他提出"四体二用"说。他说："指事、象形、形声、会意四者为字之体,转注、假借二者为字之用。"这就是说,他认为只有指事、象形、形声、会意四者是造字的方法,转注、假借二者是用字的方法。戴震的理论,虽也有人反对,但得到清代诸多说文家如段玉裁、桂馥、朱骏声、王筠等的支持,即使在现代,也有相当大的影响。

3. 三书说。现代学者对六书理论重新作了思考,对汉字构造重新作了分类。提出较早而且较有影响的是唐兰的三书说。唐先生认为,六书的界说不明确,用六书分类,每个字的归属不清晰,因此有必要寻找新的分类法。他提出了三书说,即把汉字分为象形文字,象意文字,形声文字三类。陈梦家的三书说是象形、假借、形声。刘又辛的三书说是表形、假借、形声。他们不谋而合,大同小异。他们的共同特点是都包括假借。

4. 六书评价。汉儒的六书,是人们在长期使用汉字过程中总结出来的古人的造字条例,对后世汉字研究有很大贡献。但正像文字学家所批评的,象形、指事、会意三类界限不清楚,致使归字出现混淆。尤其是转注,与造字无关。戴震的四体二用,影响很大,首先破除了对六书的迷信。但他认为只有象形、指事、会意、形声是造字之法,把假借排除在造字方法之外,也不免有些片面。但如果认为四体是指四种分析汉字结构的方法,那就是合理的了。因为假借虽是一种造字方法,但它是一种很特殊的造字方法,字形结构本身并没有脱离象形等四种形式。从这种角度看,把假借归入用字的方法应该也是妥当的。唐兰承认戴震的四体二用,所以他的三书中不包括假借,唐先生批评六书中界说不明,易于混淆,然而他的象形把六书的象形、指事合而为一,与象意并列,二者并未理清关系,尤其是他的单体象意与象形更是拉扯不清。陈刘二位把六书中的象形、指事、会意三合一,与假借、形声并列,作为造字的方法或经历的阶段,从造字或历史的角度看,应当有其合理性。但如果从汉字形体构造来分析,他们的象(表)形似乎包容太庞杂了,又要再作分类,还是象形、指事、会意等。因此我们在下文还是用传统的象形、指事、会意、形声四种去分析汉字的形体构造。虽然可能有一些交错的情况,但我们觉得,只要将字形构造分析清楚,表述明白就够了。至于分类,并不是第一位的。

第二节 象形字

象形字是早期的图画文字,是从图画脱胎出来的。跟图画比起来,除某些金文族名字之外,它的线条是简单的,有时只勾勒出大体的轮廓或某些特征。

象形字是汉字形体构造的基础,会意字、形声字的组成成分很多都是象形字。即使指事字,有些也是在象形字的基础上添加指事符号。象形字是产生较早的文字,后来有些字被形声字取代,有些字则丧失了象形的意味,增强了符号性。分析象形字,应该以较早的字形为对象。

第三节 指事字

指事字是早期产生的汉字。和象形字比较,指事字是指出一些不易用象形表示的较为抽象的概念。指事字是要仔细察看才能知道意义,这不同于象形字表示具体事物形象那么明显。同时它也不同于会意字,会意字都是合体字,而早期的指事字一般是独体的纯粹指事字,较晚产生的指事字有的在象形基础上加指事符号。

(1) 纯粹的指事字。(2) 在象形字上加注指事符号的指事字。

第四节 会 意 字

　　会意字都是合体字。把几个相关的字放在一起,组成一个新的意义。会意字必须有两个条件,一是必须是合体的,二是必须由合体的几个字组成新的意义。会意字的组成比较复杂,首先可以分为同形字重复组成的会意字,不同形字组成的会意字。后者又再分为两类,一类是由几个相关的字组成图画式的会意字,一类是由主体与器官组成的会意字。另外还有些个别的不易归属的会意字。

第五节 形 声 字

　　形声字是在象形字、指事字,乃至会意字的基础上形成的。形声字一定是合体字,一部分表示意义范畴,称作意符或形旁;一部分表示声音类别,称作声符或声旁。意符一般是由象形字或指事字充当,声符则以上三类字都可以充当。形声字是汉字构造的新形式,汉字发展过程中,形声字是最能产的造字形式。甲骨文中已有一定数量的形声字,这说明甲骨文已经初具成熟汉字体系的规模了。

一、形声字的构成

　　形声字由意符、声符两部分构成。一个意符,一个声符,是形声字构成的基本形式,不可能有两个或两个以上的意符或声符。意符只表示意义范畴,不是具体意义,一个意符已经足够。声符也是一样,一个字造字时只能是一个读音,一个声符是理所当然的事。后代的多音字则是另一回事,不是由声符去表示的。

二、形旁与声旁的位置

古文字中会意字或形声字,其组成成分的位置有不少是不固定的,这种不固定,并不影响意义。形声字就单字来说,位置也基本固定了。就形声字的整体来说,形旁和声旁的位置还是五花八门的。(1) 形旁在左、声旁在右。(2) 形旁在右、声旁在左。(3) 形旁在上、声旁在下。(4) 形旁在下、声旁在上。(5) 形旁在外、声旁在内。(6) 形旁在内、声旁在外。(7) 形旁在上下、声旁在中间。(8) 形旁在中间、声旁在上下。(9) 形旁在左右、声旁在中间。(10) 形旁在中间、声旁在左右。(11) 形旁在一角。(12) 声旁在一角。

三、声旁的表意作用

形声字的声旁是表示这个字的声音类别的,形声字和其声旁虽然不一定同音,但声音应该很相近。声旁除了有表音作用之外,人们发现不少形声字的声旁也表示意义。宋代人曾有过所谓右文说,因为形声字的声旁大都处于右边,所以认为声旁表示意义的学说被称作右文说。宋人的右文说有其合理的成分,他们注意到声旁具有表意作用的现象,看到了从声音研究语源的途径,但是他们把问题过于绝对化,而且所举例证分析说明也不够精细。清代乾嘉学者尤其是王念孙父子提出了因声求义的主张。此后不少学者都有广泛深入的研究,近代学者沈兼士的《右文说在训诂学上之沿革及其推阐》是这方面的集大成的论著。

认为声旁具有表意作用,一定不能绝对化,不能说凡从某声者皆有某义。研究声旁表意作用的目的是为了研究语源,其根本在于声音,因此不能为字形所束缚,不能拘泥于字形,声旁不同者,只要音同音近,而意义相通,也是研究语源的重要依据。

第四章　汉字的应用和发展

这一章主要注意掌握以下问题。

第一节　假　　借

1. 假借是文字记录语言时,与词汇发生关系的一种现象;假借是意义上毫无关系的词,只是由于语音上的联系而借用文字形式来表示自己意义的一种现象。离开具体的语言,就无所谓假借。说到假借,有几个概念常常提到,如本字、假借字、假借义。本字是与假借字相对的概念,最初为某词造的、字义与词义相一致的字叫做本字,与之相对的叫做假借字。根据本字的有无,假借可以分为两类,一类是没有本字的假借,一类是有本字的假借。没有本字的假借,就是起初没有为语言中的某个词造字,它的意义借用另一个同音词的文字形式表示。这种现象,在文字的初始阶段,是一种必然的现象。

2. 没有本字的假借,在文字产生的早期是一种重要的形式。
没有本字的假借,在其应用和发展过程中,大致有三种情况。(1) 甲词本没有文字形式,从一开始就借用另一个同音词乙词的文字形式来表示自己的意义。以后一直沿用,既没有为乙词造字,也没有为甲词另造字。(2) 表示乙词意义的字被甲词借去,后来这个字仍用来表示乙词的意义,而为甲词另造新字。这种没有本字的假借字与后起字之间不能再认为是一种假借关系。(3)表示乙词意义的字被甲词借去,后来即用这个字表示甲词,而为乙词另造新字。

3. 有本字的假借,是人们不写表示这个词的意义的本字,而写一个意义毫无关系的同音词的文字形式来表示这个词的意义。这种有本字的假借,可以分为两种情况。(1)借一个同音词的文字形式表示本字的意义,以后仍然用本字,不用假借字。这种假借,属于临时借用。大概相当于现代人写别字。

4. 关于假借字的读音问题,学术界还存在分歧。我们认为,假借字必须读本字的读音。

第二节 分 化

分化是汉字发展中的一种重要现象。一个字的职务过多,或者说他兼有多种意义,这无疑会影响人们的交际。为了交际的需要,人们就要想办法分散这个字的职务。分散字的职务的主要办法,是为这个字造后起的分别字。主要掌握两种文字分化的情况。

1. 由于假借使字义过多。假借使字义过多,需要分化的,都发生在没有本字的假借阶段。主要有5种情况。(1)加形旁为字的假借义造分别字。(2)加形旁为字的本义造分别字。(3)一个字借为他用,为这个假借义造一个与原字形无关的分别字。(4)一个字借为他用,另借一个字表示它的本义。(5)一个字借为它用,既为假借义造字,又为本义造字。

2. 一个字本义和引申义过多,也要分化。主要有两种情况:(1)一个字产生引申义以后,为表示它的原义的字造一个分别字。(2)一个字产生引申义以后,为表示这个引申义的字造一个分别字。

3. 分别字的构成方式：(1) 多是以原有字形为声旁，再加形旁构成。(2) 另外也有以原有字形为形旁，再加声旁构成的。(3) 用更换形旁的方式构成分别字。

4. 以上所有原字与分别字的关系，都是古今字的关系，而没有假借关系。这是特别要引起注意的。所谓古今字，是指在某一意义上先后产生的不同字形。

5. 分化与合并是汉字发展演变过程中两种相辅相成的方式。一个字的字义过多，就要采取分化的方式，而当字形过多的时候，又要采取合并的方式，二者交替发生，不断发展。

第三节 简　化

1. 简化字的概念及汉字简化的概况。简化是汉字形体由繁到简的变化，是汉字发展的总趋势。简体字一般都产生于民间，流传于民间，官府视为俗字，不予承认。全面整理、制定、推行简化字，是在上世纪五六十年代。

2. 字简化的方式。主要有：(1) 采用原有的古字。(2) 采用同音字。(3) 采用笔划少的偏旁代替笔划多的偏旁。(4) 采用基本废弃的僻字。(5) 采用繁体字的一部分。(6) 采用简单的符号代替原字的一部分。(7) 草书楷化。(8) 另造新的简化字。(9) 采用旧有的简化字。

3. 为什么说字体简化要有一定限度，不能越简越好：文字是全民书面交际的工具，必须保持高度的稳定，否则就会带来麻烦和混乱。而且简化时要考虑周全，各个方面的情况都要考虑到，包括文字在历史上的应用情况。历史上常用的两个不同的字就不宜简化成一个字。两个意义完全不同的字也不宜只用其中一个笔划少的字去表示。

第四节 异 体

1. 异体字的概念、与古今字的区别：异体字是指所有意义都相同，在任何情况下都可以互换的字。异体字不同于古今字，古今字是着眼于历时的文字产生的先后，异体字则着眼于共时的字体的差异。

2. 异体字构成方式有多种多样：(1)表意字与形声字。(2)同为表意字而偏旁不同。(3)同为形声字而声旁不同。(4)同为形声字而形旁不同。(5)同为形声字而声旁形旁都不同。(6)字的组成部件位置不同。

3. 研究异体字需要特别注意的问题。

研究异体字特别要注意运用历史的观点。有些字现代汉语中可以看作异体字，但在古代汉语中不能互换，就不能看作异体字。这种情况不少，要特别注意。

第五章　汉字的历史贡献

汉字的历史贡献主要有：

(1) 汉字促进了汉民族共同语的形成和稳定，巩固了中华民族的团结和统一。秦始皇统一天下以后，立即着手统一文字，是一项非常英明的决策。这项政策以秦国特有的风格迅速推广到全国，全国有了统一规范的字体，这样中央政府的各项政令法规才能得以顺利施行，从而促进和维护了国家的统一。以后近两千年的时间里，汉字一直发挥着这种作用，即使非汉族居于统治地位的时候，汉字也一直起着主导作用。现在汉字仍然发挥着抑制方言离异，维护国家统一的作用。

(2) 汉字保存了悠久的古代文明。

(3) 汉字本身体现着大量的古代文化信息。

(4) 汉字的各种字体形成了特有的书法艺术。曹魏时代的钟繇，晋代的王羲之等书法家不但在书法艺术上有很大成就，同时对楷书字体的形成作出了贡献。

思考与练习

一、填空：

1. 世界上最古老的文字有_____。

2. 许慎在《说文解字叙》中说的秦书八体是_____。这八体分类的角度是_____。

3. 许慎在《说文解字叙》中说的新莽时代的六书是_____。

4. 李斯的《仓颉篇》、赵高的《爰历篇》、胡毋敬的《博学篇》采用的字体是_____。

5. 大篆的名称始见于_____。

6. 汉字字体演变的_____个阶段是_____。

7. 甲骨文是在_____被金石学家_____偶然发现的。甲骨主要出现在_____，那里是_____，称作_____。

8. 占卜时，对占卜的事，经常要从反正两方面设问，称为_____。

9. 甲骨学者董作宾《甲骨文断代研究例》根据他所定的十项标准分为_____个时期，具体是_____。

10. 刘鹗的《铁云藏龟》是第一部_____，孙诒让的《契文举例》是第一部_____。考释方面集大成的著作有_____，资料方面最丰富的著作有_____，工具书方面有孙海波的_____，_____的《甲骨文字典》，综合研究著作有陈梦家的_____。

11. 在铜器上铸铭文，开始于_____，_____则大为流行。

12. 秦国文字直接承袭_____。

13. 目前发现的秦国文字，有石鼓文和诅楚文等石刻文字。据学者考证，这些石鼓约刻成于_____。诅楚文是_____，这些刻石大约在_____之际所刻。

14. 隶书又分为_____。睡虎地秦墓竹简的字体是_____。

15. 广义草书是指_____，狭义草书是指_____。

16. 许慎对"六书"的说解是_____。
17. 清代学者戴震对六书提出"四体二用"说是_____。
18. 没有本字的假借,在其应用和发展过程中的三种情况是_____。

二、简要回答下列问题:
1. 如何判定汉字所属的类型?
2. 构成汉字的字符有几种?大量的是哪种?
3. 都说"汉字是表意文字",教材和西洋学者的观点有什么不同?
4. 西洋学者对汉字性质的认识对中国学者以及汉字有什么影响?
5. 汉字字体演变的三个阶段及各个阶段的特点是什么?
6. 为什么说甲骨文已是成熟的成体系的文字?
7. 甲骨文形体有哪些特点?
8. 金文字体与甲骨文有什么不同?
9. 春秋晚期以后金文美术字体的主要特点是什么?
10. 小篆是怎样产生的?
11. 小篆形体的特点是什么?
12. 战国时期文字为什么会发生剧烈变化?
13. 六国文字有哪些特点?
14. 隶书是怎样产生的?隶书成熟的标志是什么?
15. 隶书对篆文字形结构改造主要表现在哪些方面?
16. 隶书产生的意义是什么?
17. 楷书与隶书的笔法上有什么差异?
18. 六书汉儒古文经学派对汉字造字理论是怎样认识的?这一理论对后代有什么影响?
19. 戴震提出的"四体二用"说、唐兰提出的"三书说"与"六书说"有哪些不同?

20. 什么是象形字,象形字有什么特点?
21. 什么是指事字,指事字有什么特点?
22. 什么是会意字,会意字有什么特点?
23. 会意字的组成主要有那些方式?
24. 什么是形声字,形声字有什么特点?
25. 形声字的出现在汉字发展史上有什么意义?
26. 汉字在发展过程中为什么会出现分化?
27. 汉字分化表现在哪些方面?
28. 汉字字体简化是怎么出现的,为什么说汉字字体简化要有一定限度,不能一味简化,越简越好?
29. 什么是异体字,异体字构成方式有哪些?
30. 如何认识汉字的历史贡献?

阅读书目

裘锡圭《文字学概要》,商务印书馆,1988年。
唐　兰《中国文字学》,上海古籍出版社,1979年。

第二部分 词 汇

第二部分 散文一次

第六章 对古汉语词汇的基本认识

★ **学习内容提要**

- 在学习古汉语词汇各方面的一些具体知识之前,应当对古汉语词汇的面貌有一个总体的了解。对古汉语词汇面貌的整体认识主要是考虑古代汉语同现代汉语的差异方面。这种差异主要表现在两个方面:1. 从词的音节构成看,单音节词在古汉语中(指上古汉语,下同)占有优势地位,这决定了古汉语词汇与现代汉语词汇的面貌有很大的不同。从单音词占优势到后来的复音词占优势,这种变化对汉语的词汇系统产生了深刻的影响。2. 从词汇的构成类别看,与现代汉语比较,古代汉语中有几种词汇类型应当引起注意,这就是联绵词、叠音词、偏义复词、通名和专名、成语典故。认识这几种词汇类型,对于了解古代汉语的词汇面貌、提高阅读古书的能力都是有帮助的。
- 学习者还应当对词汇本身的特点有所认识。同学习语音、语法方面的知识比较,词汇的问题在有些方面显得更加突出。第一,语音、语法是相对封闭的,词汇是开放的。比如语音,每一个时代的声、韵、调都是有限的。语法方面,不论是句法规则还是虚词的用法,都可以做穷尽的研究。词汇数量庞大,难于把握。第二,语音和语法的系统性相对比较明显。

语音方面,每一个时代的声、韵、调依照一定的规则配合,构成了一个完整的系统。语法方面,组词造句的规则也有鲜明的系统性。语音和语法的变化的规律性也比较明显。从理论上讲,词汇也应该是有系统的,但目前对这个系统研究得还很不够。第三,语言中的各要素(语音、语法、词汇)总是直接或间接地映射着社会的变化。比较起来,语音、语法的变化是一个较为缓慢的过程,而词汇对社会变化的反映则是最敏感的,旧词旧义在不断地消亡,新词新义在不断地生成,这种迅速的变化也给我们的研究带来很大的困难。

第一节　单音节词的优势地位

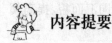

目的要求

1. 对古代汉语词汇中单音词占优势地位这一特点有所认识;
2. 在阅读中注意辨识哪些是复音词,哪些是单音词和单音词的组合,能够比较准确地理解一些双音结构的意思。

内容提要

1. 古代汉语中单音词占优势地位

一般认为,古代汉语的单音词占优势地位,而在现代汉语中复音词特别是双音词占优势地位,古代汉语的词汇面貌与现代汉语所以有明显的不同,这是一个重要的原因。当我们把一段古文译成现代汉语的时候,句子明显地加长,就是因为要把很多单音词变成现代汉语中意思大致相同的双音词。明确了这一点,我们首先应当注意的是,在阅读古书的时候不要轻易地把两个单音词的组合误认为是一个双音词。如《教程》中举的几个例子("于是荀首佐中军""仰不足以事父母,俯不足以畜妻子""虽然,未闻道"等),如果翻译的话,把"于是、虽然"译成一个连词,把"妻子"看成一个词,好像也未尝不可。我们所以认为"于是"不是一个双音词,一是考虑到"是、然"在《左传》《孟子》那个时代经常用作代词,"子"经常当孩子讲;二是联系上文来看,"是、然"有一个明确的指代对象。所以在考虑古书中一个语言片断是不是词的时候,一定要联系到那个时期的词汇系统,还要考虑在一定的上下文中能否作出合理的解释,不要单纯从翻译着眼。

2. 汉语词汇的复音化经历了一个长期的过程

在阅读古书的时候,我们要注意以下两种情况:第一,从意义方面看,后来成为双音词的两个语素原来可以拆解开来分别训释(如古人对"饥馑"、"切磋"的解释)。第二,从结构方面看,前后两个语素有时可以倒置(如"人民——民人"、"痛苦——苦痛")。上面两种情况表明,一部分双音结构中的两个语义单位的组合在一段时期中呈现出不大稳定的状态。这说明,汉语词汇的复音化不是一步完成的。古代汉语中的一些由两个词根语素组成的双音结构,哪一些是词组,哪一些已经成了双音词,有时界限并不是十分明确的。在双音词的界定上,还有一些理论问题需要继续研究。

第二节 古代汉语中值得注意的几种词汇类型

目的要求

1. 对古汉语中几种词汇类型(联绵词、叠音词、偏义复词、通

名与专名、成语与典故)的概念、性质及基本特点有所了解;

2. 对于本节中介绍的几种词汇类型,在阅读中能够做初步的分析。

 内容提要

一、联绵词

1. 联绵词的性质

联绵词(又叫联绵字、謰语)就音的构成看是一种复音词,就词的意义构成看是一种单纯词。也就是说构成联绵词的两个音节(书面上看到的是两个字)只是表示读音,分开来没有什么意思;换句话说联绵词是由一个语素构成的。① 如:比如"参差(cēncī)","参"和"差"只表音,不表义。

所以特别提出联绵词,是因为这样一类词在有些古书中用得比较多。在读书的时候我们不能死抠字面意思强作解释。如果只是注重字形,就会把一个联绵词看作一个合成词或者两个词。二是提起我们注意,汉语的一些双音结构中并不是所有的音节都可以表示一个语素。

2. 联绵词的特点

(1) 构成联绵词的两个音节在语音上(指古代的读音)往往有一定的联系。有的是声母相同,称作双声(如果两个音节都是零声母,也看作是双声)。有的是韵(指主要元音和韵尾)相同,称作叠韵。有一些联绵词,过去有双声或叠韵的关系,到了后来这种关系已经没有了,这是因为语音发生了变化。(2) 书写形式不固定。

---

① 两个音节有义的词算不算联绵词,研究者尚有不同的意见,这里讲的是一般的看法。

既然表示联绵词的两个字只是表音的,就可以看作一个记音符号。汉语中的同音字多,所以用字就不十分固定。书写形式尽管很多,但表示的词还是一个,所以在辨识联绵词的时候不能拘泥于书写形式,要从读音和意义上着眼。

二、叠音词

1. 叠音词的形式

叠音词又称重言、叠字,就是一个双音词的两个音节相同。表现在书写形式上,记录这两个音节的字也往往是相同的。有些古书(比如《诗经》)中叠音词用得比较多,所以在阅读的时候应当引起重视。

2. 叠音词的性质

有一部分叠音词是单纯词,两个字只是记音,分开讲没有意义。比如"湿湿"是耳动的样子,单讲"湿"没有意义。对这一部分叠音词,读书的时候不要死抠字面的意思拆开来讲。也有一部分叠音词是一个语素重叠以后构成的,每个字都有意义。如"春日迟迟"的"迟"(《说文》:"迟,徐行也。")。有的字虽说有意义,但并不怎么单用。

3. 叠音词的特点

(1)从语音上看,一部分叠音词和双声叠韵的联绵词关系密切。当叠音词中的一个音节略有改变时,这个叠音词就可能变成一个联绵词,反过来也一样(比如《教程》所举"鬋发"和"发发"的关系)。(2)一部分叠音词既然是单纯词,书写形式就不十分固定,这和联绵词的道理是一样的(比如"(文质)彬彬"又作"份份")。所以书写叠音词的时候经常用借字。(3)从写作的角度看,叠音词主要用来描摹性状。为了给人留下深刻的印象,铺陈张扬,,就需要多用叠音词。

古代的很多叠音词已经消亡了,也有一些仍然在使用。

三、偏义复词

1. 什么是偏义复词

所谓偏义复词,是说一个复音词由两个意义相关或相反的语素构成,但整个复音词的意思只取其中一个语素的意义,另一个语素只是作为陪衬。在"万一有个好歹"这句话中,"好歹"指的只是"歹","好"仅是一个陪衬。单看"好歹",也就是一般的并列复合词,有时候偏指一义,是由一定的上下文决定的。由于偏义复词和一般的并列复合词意义有区别,所以这一类词也应当引起注意。

2. 偏义复词的构成

从构成看,一类是连类而及。就是说两个语素的意义不同但表示的事类相关,常常放在一起说(如"车马")。还有一类是两个语素的意义相对相反(如"得失、缓急")。

3. 掌握偏义复词需要注意的几点

第一,阅读的时候注意将偏义复词与一般的复音词区别开来,以免影响对文意的理解。第二,构成偏义复词的两个语素以意义相反相对的为多,相对的两个意义一正一负(比如"利害","利"为正义,"害"为负义。)。在偏义复词中,多取负义而少取正义。第三,现代汉语中的一些复合词也还有偏义复词的用法。

四、通名和专名

1. 什么是通名和专名

阅读古书的时候,常常会发现古人对某些事物划分得很细,对划分出来的一些细类都要给出一个专门的名称。如有的古书把方的橡叫做桷,圆的叫做橡。现在不论方圆都叫橡。再比如"箪、笥、篋"三者的形制有别,就有三个名称。今天看来,就是专名。这样一类词在古汉语中经常遇到,为称述方便,我们将"橡"一类的词称作通名,将"桷"一类的词称作专名。通名和专名是相对的概念,可以是就不同的时代(比如古代和现代)的词汇比较而言(比如"椽"和"桷"),有的是就同一个时代的词语说的(比如《尔雅·释器》说:"木豆谓之豆,竹豆谓之笾(biān),瓦豆谓之登。")。

读书的时候常常遇到一些生僻的词语,其中很多就是我们说的专名,对此我们应当从词汇的角度有所认识。

2. 通名和专名的两类情况

(1)大类和小类的关系。通名表示大类,专名表示大类中分出的小类。如《尔雅·释水》:"大波为澜,小波为沦,直波为径。""波"是一个大的类名,分出的小类又各有一个专名。(2)整体和局部的关系。通名表示整体,专名表示整体中的一个部分(这种情况也可以称之为总分关系)。比如我们现在叫作脖子的,古代把脖子的后部叫作项,前部叫作颈,统称为领。

3. 对通名和专名的基本认识

第一,一种语言中名称的确立是使用这种语言的人对外部世界的一种分类,专名和通名就是这种分类的结果。每一个名称(也就是词语)都在一个特定的语义系统中占有一定的位置或者说空间。比如关于"洗"的行为就是一个小的语义系统,现在的"洗"可以看作是一个通名,在古代关于洗有不同的专名(沐、颒(huì)、浴、盥等)。由此可知,专名和通名是就词在同一个语义系统中的语义范围讲的。第二,专名和通名是相对的概念。"专"是对"通"而言的,不同的语言,同一种语言在不同的时代,有着不同的语义系统,就可能构成专名和通名的不同对立。第三,专名和通名的对立是由语言的社会性决定的。社会性是语言的根本特质之一,这是我们考察专名和通名的出发点。中国上古是 个宗法社会,所以对长幼关系有细致的划分。古代对田猎的过细划分,无疑是田猎农牧社会的反映。第四,专名和通名的变化是考察语言词汇变化的一个方面。上面举的那些专名,后来大都不用了。

考察汉语古今词汇的变化,通名和专名的变化是一个重要的方面。

五、典故和成语

1. 成语是词汇的一类

从词汇的构成看,成语是熟语中最重要的一种。无论从意义上看,还是从结构上看,都同古代汉语有着密切的关系。典故是诗文中引用的古代故事或古书中的用语。有一些典故在长期的使用中结构趋于凝固,意义单一化,有的成了一个词语,如"问鼎、中肯"之类;有的就成了成语,如"守株待兔"之类。

古书中的不少成语典故已经成了现代汉语语汇的一部分,从这个角度说我们也应当注意学习。

2. 读书时注意对成语典故的理解

(1) 古代有一些文章(比如骈文和赋)典故用得很多,如果不了解这些典故的意思,文章就读不懂。很多成语和典故不是某一个作者偶一用之,而是在古诗文中经常被使用,已经成为古代汉语语汇的一个部分。(2) 由于成语很多是从古书中来的,保留着很多词汇的古义和古代的语法现象,所以学习成语有助于学习古汉语的语法和词汇。(3) 从成语典故的长久的生命力可以考察语言和文化的关系。文化大致可以划分为物质文化、制度文化和心理文化。很明显,一些成语典故长久流传,和我们的文化有极大的关系,其中与文化心理的关系尤为密切。传统儒家经典中的一些话所以历久而不衰,就是我们的道德观念、生活态度世代传承的一种反映。

3. 要注意一些成语意义的变化。如守株待兔,出自《韩非子·五蠹》。韩非的原意是用这个寓言批评那些"以先王之政治当世之民"的人,一般用来比喻死守过时的经验而不知变通。到了后来,也用来比喻不想通过努力而坐待其成。

练习与思考

1. 与学习语音、语法比较,学习古汉语词汇有哪些不同的地方?

2. 说说你在学习古代汉语词汇时遇到的困难。

3. 将下面两段古文译成现代汉语。文中的很多单音词译成现代汉语后成了双音词,举例说明。

(1) 秦晋围郑,郑既知亡矣。若亡郑而有益于君,敢以烦执事?越国以鄙远,君知其难也,焉用亡郑以陪邻?邻之厚,君之薄也。若舍郑以为东道主,行李之往来,共其乏困,君亦无所害。……夫晋何厌之有?既东封郑,又欲肆其西封;若不阙秦,将焉取之?阙秦以利晋,唯君图之。(《左传·僖公三十年》)

(2) 王喜,告召公曰:"吾能弭谤矣,乃不敢言。"召公曰:"是障之也。防民之口,胜于防川;川壅而溃,伤人必多,民亦如之。是故为川者,决之使导;为民者,宣之使言。……民之有口也,犹土之有山川也,财用于是乎出;犹其有原隰衍沃也,衣食于是乎生。口之宣言也,善败于是乎兴;行善而备败,所以阜财用衣食者也。夫民虑之心而宣之于口,成而行之,胡可壅也?若壅其口,其与能几何?"(《国语·周语上》)

4. 举例说明古代汉语中的很多单音词现在成了双音词。

5. 举例说明联绵词的基本特点。为什么联绵词的书写形式不固定?

6. 下面一段文字节选自屈原写的《哀郢》,阅读并标出文中的联绵词,说明哪些是双声,哪些是叠韵。

外承欢之汋约兮,谌荏弱而难持。忠湛湛而愿进兮,妒被离而障之。尧舜之抗行兮,瞭杳杳以薄天。众谗人之嫉妒兮,被以不慈之伪名。憎愠惀之修美兮,好夫人之慷慨。众踥蹀而日进兮,美超远而愈迈。

7. 从你学过的古诗文中找出十个叠音词。
8. 标出下面句子中的偏义复词。
(1)"(人者)无毛羽以御寒暑。"(《列子·杨朱》)
(2)"心疑之,阴独察其动静。"(《汉书·金日磾传》)
(3)"便可白公姥,及时相遣归。"(《孔雀东南飞》)
(4)"昼夜勤作息,伶俜萦苦辛。"(同上)
(5)"尝与兄徽之、操之俱诣谢安,二兄多言俗事,献之寒温而已。"(《晋书·王献之传》)
9. 举例说说你对专名和通名的理解。
10. 解释下面成语中加横线的字:

义愤填<u>膺</u>	家<u>给</u>人足	断发<u>文</u>身	度长<u>絜</u>大
防患未<u>然</u>	放荡不<u>羁</u>	一语破<u>的</u>	日<u>薄</u>西山
一<u>鼓</u>作气	皓首<u>穷</u>经	久<u>假</u>不归	安之若<u>素</u>

11. 分析下面成语的结构:

掉以轻心　　一以贯之　　飞沙走石　　付之东流
富国强兵　　瓦釜雷鸣　　空空如也　　破镜重圆
鼎足而立　　为所欲为　　明察秋毫　　与虎谋皮

12. 举例说明有的成语的意义现在已经发生了变化。

第七章 古代汉语中词汇与文字的关系

★ 学习内容提要

- 文字是记录语言的符号,二者的关系密不可分。另一方面,文字和语言又属于两个层面。语言中的词有音和义,文字有音、义和形,其中的音和义是来自语言中的词。我们平常说到汉字形、音、义之间的复杂关系,这实际上反映的是汉字与汉语中的词(或者说语素,下同)复杂的对应关系。

- 汉字的形音义之间关系复杂,这和汉字的性质有很大的关系。很多汉字的 形体构造同表示的语素的意义有联系。不同的语素用不同的汉字来记录,似乎是一对一的关系;但这只是一个大体的说法,从实际情况看并不是如此。这种复杂的对应关系不仅影响到我们对古汉语词汇的认识,也影响到我们对古书的理解。读古书看到的是一个一个的字,种种文字歧异的现象给我们读书造成不少的障碍,所以需要把作为书写符号的字与它记录的语言中的词分离开来,才能正确理解一段文字的含义。《教程》从文字与词汇关系的角度介绍了繁简字、异体字、同形字、假借字和区别字。学习者应当从二者关系的角度掌握这几种文字类型的性质、特点与相互间的区别,并在阅读中学习辨识。

- 本章的一部分概念在文字部分作过一些介绍(如假借字、区别字),但角度不同,学习时应当联系起来。

第一节 繁简字

🎯 目的要求

1. 注意一部分汉字简化之后,字与词的对应关系发生了变化;
2. 注意辨识字典中繁简字之间的对应关系。

内容提要

1. 简化字的来源

简化字的来源有两部分。一部分是新造的(比如"遼"的简化字"辽")。也有一部分是采用旧有的某个字作简化字(比如"遷"的简化字"迁")。

2. 繁简字之间对应关系的变化

一些汉字简化之后,在字与词的对应关系方面发生了变化。大致说来有三种情况。第一,两者之间是一对一的关系(如"賣、遲、處"对应的简化字"卖、迟、处")。第二,原来的几个繁体字在意义上有一定联系,简化后成了一个字(比如"饑"和"飢",简化为"饥")。第三,原来的几个繁体字在意义上没有关系,简化后成了一个字。比如"谷"和"穀"简化为"谷"。"谷"是山谷;"穀"是一个形声字,意符是禾,指谷物。有时候一个简化字可以对应好几个繁体字,如"干"字对应的有干犯的干、干支的干,又有主干的幹、干事的幹和干湿的乾。

以上三种情况,值得注意的是后两种。原来用几个繁体字分别表示的几个词现在用一个字来表示,这样我们在阅读古书时有可能混淆几个不同的意思。拿"谷"来说,在古书中,"五谷、百谷"固然要写成"穀",俸禄的意思、养活的意思、好和善的意思也都要写成"穀"。古代诸侯自称为"不穀",也不能写成"不谷"。

第二节 异体字

🎯 目的要求

1. 从字与词对应关系的角度了解异体字的性质;
2. 注意掌握确认异体字的标准,在阅读中辨识异体字与词的对应关系。

内容提要

1. 异体字的性质

异体字是形体不同而音义完全相同、在任何情况下都可以互相代替的字。从文字和词的对应关系看,异体字就是表示同一个词的几个不同的字形。简单地说就是异形同词。异体字是一种文字歧异的现象,本来是一个字,却有不同的写法,这给阅读古书带来不少的困难,所以我们对异体字应当有所认识。认识异体字,要着眼于字和词的对应关系。

2. 异体字的类型

第一,同为形声字,意符不同;不同的意符在意义上往往相同或相近(如"暖/煖")。第二,同为形声字,声符不同。(如"綫/

綫")第三,同为形声字,声符意符相同,但位置不同(如"鄰/隣")。第四,一个是会意字,一个是形声字(如"岳/嶽")。

3. 确认异体字时需要注意的几种情况

第一,有些字在某些意义上经常通用,后代的读音也相同,不能简单地看作异体字(比如"寘"和"置")。第二,有一些字,在意义和读音上有一定的联系,它们表示的词有同源关系,使用上也有交叉,但表示的不是同一个词,也不能看作异体字(比如"穫"和"獲")。第三,几个字意思根本就没有关系,表示的是不同的词,只是在文献中常常混用,不能看作异体字(比如"雕、彫、凋")。

4. 在对于异体字的具体处理中,有广义和狭义的两种标准。

在处理异体字的时候宽严的标准掌握得并不一样,这是因为处理问题的角度不一样,对此我们要有所了解。比如"凭、凴"两个字,有的书看作为异体字。但在古代汉语中它们的意义有不同,不能看作异体字。由于宽严的标准掌握得不一样,所以有时会有所调整。

总之,确认异体字的根本标准在于要看几个不同的字形表示的是不是一个词。这里说的是不是一个词,是指几个字原本表示的是不是一个词,而不是指后来的借用或混用。辨识异体字有一个逐步学习积累的过程,需要在读书时多多留意。

第三节 同形字

目的要求

1. 从字与词关系的角度了解同形字的性质;
2. 在读书中注意辨识同形字与词的对应关系。

内容提要

1. 同形字的性质

同形字是指字形结构相同而表示的是却不是一个词,也就是为不同的词造出的字形体结构相同。比如"姥",读 mǔ,指老妇,是一个从女从老的会意字。后来又造了一个"姥"字读 lǎo,指外祖母。从字形看,"老"既表音又表义。这里同一个字形就表示了两个词。同形字与词的对应关系与异体字正相反,异体字是异形同词,同形字是同形异词,也是我们读古书时应当注意的。

2. 同形字产生的原因

第一,由于造字而造成字形混同。或者说分别造字,不谋而合。造一个新的字是为了表示一个新的词,在创制一个新字的时候并没有想到(或无从想到)新造的字和旧有的另一个字在字形上会混同。对这一点要结合《教程》举的例子加以理解。第二,汉字的简化造成字形的混同。汉字简化包括字数的减少和每一个字笔画的减少。这种趋简的变化也会造成字形的混同。比如"几",原是古人坐着的时候供凭靠的一种低矮的家具,后来又作了"幾"的简化字,也成了两个同形字。可以看出,同形字表示的几个词在意义上是没有关系的。人们在创制一个字的时候往往考虑的是这个字的字形结构与所表示的词义的关系,有时并不怎么考虑造出的字会与别的字形混同。

3. 同形字不同于假借字

同形字是一个造字问题。假借字是将已有的某个字借过来使用,是一个字的借用问题,性质是不同的。而且汉字的假借是有条件的,借用是"有选择"的,而同形字只是一种无意的偶合。

了解同形字,一方面使得我们对汉字和词的对应关系有一个更全面的认识,另一方面,对于阅读古书也是有帮助的。比如我们看到《诗经》中的"椅",就可能首先想到是今天的椅子,但实际上是另一个词。

第四节　假　借　字

目的要求

1. 从字与词对应关系的角度了解假借字的性质;
2. 了解汉字假借的条件;
3. 逐步认识汉字假借的一些复杂情况;
4. 了解古人解释假借字的几种说法。

内容提要

1. 假借字的性质

假借是汉字在记录词语的时候的一种借用,是一个文字的使用问题。研究假借字,根本的目的是要探求借用的那个字表示的是哪一个词,所以这也是一个汉字和词的对应关系问题。

关于假借字的性质,《教程》用一个图示来说明。这个图示从字和词关系的角度说明假借字的性质,对这个图示的四点说明一定要理解。了解了这个图示,对假借字的性质和一些有关假借字的术语(如"本字、假借字、假借义"等)也就容易掌握了。从图示可以看出,《说文》里讲的"依声托事"的"依声",实际上讲的是 A、B 两词的读音(古音,下同)相同或相近。

从根本上说,文字既然是记录语言的符号,那么文字和语言就不在一个层面上。但由于汉字在字形结构上与所记录的词的意义往往有联系,传统的语文学就比较看重字形结构而忽视它表示的声音。特别是比较早的学者,有的对汉字假借的道理不明白,拘泥于字形去解释词义,结果就搞错了,对此我们在读书时要注意。

2. 假借的条件

假借的条件必须是读音相同或相近,声和韵两个部分都要考虑。如果仅仅是叠韵,而声母相差很远,或者仅仅是双声,而韵母相差较远,就应当慎重对待。其次,还必须有语料方面的证据。如果某个字的一种用法只是"偶一为之"而没有有力的旁证,也不能简单地看作是假借。

3. 认识汉字假借的一些复杂情况

汉字的假借有种种复杂的情况。比如:(1)如果一个字的本义和假借义都是经常用到的,两个意思在一句话中都解释得通,这就可能发生歧解。《教程》举《论语·先进》中的"咏而归"为例,汉代的包咸解释为"归夫子之门",王充《论衡·明雩篇》把"归"解释为馈,原因之一是因为"归"有这样一个假借义。(2)文献中经常使用的是某个字的假借义,而这个字本来表示的意义又经常借用另一个字表示,也会造成一种错综的情况。《教程》所举"何"和"荷"就属于这种情况。(3)一句话中某个字的意思是某个词的引申义还是这个字的假借义,有时不好判断。

4. 古人解释假借字的几种说法

古人在解释一个字的借用时常见的有以下有几种说法。(1)以本字为训释词,直接说明一个字的假借义。(2)用"读为、读曰"说明本字和借字的关系("读曰、读为"的后面是本字,前面是假借字。)。(3)用"读若、读如"。这两个术语一般是用来注音的,有时也用来说明假借字("读如、读若"的后面是本字)。(4)明确指出是假借关系。

越是古的书,假借字就越多,读起来就越困难。古代学者非常重视对假借字的研究,有不少的论述,所以我们也一定要注意。

第五节 区 别 字

目的要求

1. 从字与词对应关系词的角度了解区别字的性质；
2. 从字与词的对应关系的角度了解区别字的分类；
3. 在阅读中学习辨认区别字；
4. 注意认识区别字产生的一些复杂情况。

内容提要

1. 古人对区别字的认识

本书的文字部分曾谈到古今字。古代的学者很早就已经在使用这个术语。不过古人对古今字这个术语用得比较宽泛：比如把前后用字的不同看作区别字；还有的把异体字、假借字也叫作古今字的。后来对古今字的看法渐趋严格。

对古今字作总结性说明的是清代的学者王筠。他把古今字区分为分别文、累增字两大类。他说的累增字，前后两个字的音义没有任何区别，只是字形有别，表示的还是一个词。我们这里把古今字称作区别字（也可以叫做分化字），一方面为了严格限制这个术语的范围，另一方面是考虑到用区别字这个术语能够更清楚地显示汉字与词的对应关系。

2. 区别字的概念

这里说的区别字是指这样一类情况：由于词义的引申或文字的假借，某些汉字表示的意义或用法发生分化，需要另加偏旁（常常是加一个形旁）在字形上加以区分，后来加偏旁的那个字就是区别字,原来的那个字称作本原字。

3. 区别字的意义类型:

区别字表示的意义不完全一样,《教程》用一个图示加以说明。可以从两个方面理解这个图示:(1) 区别字表示的意义有三类:本义、引申义和假借义。(2) 区别字的产生有两个方面的原因,一是由于词义的引申。词义引申之后,本原字要承担更多的职能,其中的一部分职能就要由新生的区别字承担:或者是表示引申出来的新的意思(如"影"),或者是表示本来的意思(如"溢")。产生区别字的另外一个原因是字的借用。一个字借用之后,它的负担也会增加,就要由区别字(如"燃、避")来表示本义或假借义。

4. 从字与词对应关系的角度给区别字分类

字是记录语言中的词的,所以我们还可以换一个角度——从字与词对应关系的角度给区别字分类。如果进一步作分析,就可以知道《教程》举出的本原字和区别字实际上表示的是两个词。对此《教程》用一个图示加以说明,我们依然可以从两个方面理解这个图示:一是区别字表示的词的类型,二是区别字产生的原因。

为了表述的方便,我们把一个字原本表示的词叫本原词(对应图示一中的本义),由于词义的变化而生成的新词叫滋生词(对应图示一中的引申义),一个字借用后表示的词叫借表词(对应图示一中的假借义)。滋生词和借表词都是对本原词而言的。①

5. 对{yi}类词的分析

比较起来,以上四类中特别应当注意的是第 1 类(益／溢)。从所举的例子可以看出:由于词义的变化而生成的新的语义单位有两种情况:一种是读音有变化。如"景"和"影","影"是一个新的词,这就是所谓音变构词(参第六章的有关论述)。另有一种是

---

① 滋生词的有关知识,参王力《汉语滋生词的语法分析》。《王力文集》第 8 卷,山东教育出版社,1990 年。

读音没有变化,如"益"和"溢"。我们把表示增益的{yì}也看作是一个新的词,这就是义变构词。{yīng}和{yì}都是滋生词。比较起来,{yì}类词的分析更加复杂。汉语滋生词的分析是研究汉语词汇的重要内容。虽然《教程》没有细讲,但我们应当有所了解。

区别字是后来产生的;一般地说,越是古的书,本原字用的就越多,也就是说一个字表示的意义往往就不只一个,所以读书的时候就很费斟酌,这是我们一定要注意的。

6. 区别字生成的一些复杂情况

区别字和本原字并不都是一对一的。有种种复杂的情况。比如:

(1) 戚——慼(慽)——鏚

(2) 猒——厭——厴——壓

《教程》举出的这些例子还不是全部,实际情况还要复杂。读书的时候遇到区别字,就要注意分析区别字和本原字的关系:一方面比较它们在字形上的区别和联系,另一方面要确认它们分别表示的是什么词。

7. 在古汉语词汇的研究中,把有共同语源的一组词叫做同源词,把用来纪录一组同源词的几个形体不同的字就叫同源字。同源字与同源词也是字与词的对应关系问题,我们放在第十章第五节讨论。

练习与思考

1. 找出与下面的简化字相对应的繁体字,说明它们表示的是不是一个词。

   余 腊 钟 丑 折 表 出 板 厂 了

2. 举例说明异体字的性质。

3. 下面每一组中的两个字是不是异体字,为什么?

并/並　　强/彊　　布/佈　　冨/嗧　　仇/讎
辟/辭　　艸/草　　豆/荳　　假/叚　　胡/衚

4. 下面是《新华字典》(1998年修订本)中的几个字头。说说每个字头和括号内的字是什么关系；括号内的字有没有关系，如果有，是什么关系。

雠(讐)　　　处(處)　　　　锄(鉏　耡)
创chuāng(創)　创chuàng(創　刱　剏)　榷(③④榷)
台(①③⑥臺　④檯　⑤颱)　　　　　借(③④藉)
坛(①②壇　③罎　③墵　③罈)

5. 举例说明同形字的性质。

6. "咳"有几个读音？这几个读音表示的意义有没有关系？

7. 从字与词的对应关系的角度举例说明假借字的性质。

8. 《说文解字·叙》讲假借字是"依声托事"，这句话是什么意思？

9. 解释下列术语：
　　本字　　假借义　　古音通假　　读为　　读曰

10. "负荷"的"荷"本来应该写成哪一个字？为什么写成了"荷"？

11. 说明下面句子中假借字的用法：
(1) 八月剥枣，十月获稻。(《诗经·豳风·七月》)
(2) 逝将去女，适彼乐土。(《魏风·硕鼠》)
(3) 尺蠖之屈，以求信也。(《易经·系辞下》)
(4) 两岸渚崖之间，不辩牛马。(《庄子·秋水》)
(5) 能千里而袭我，亦已罢极。(《史记·淮阴侯列传》)

12. 从字与词的对应关系的角度说明区别字的性质。

13. 区别字可以分为几类？举例说明。

14. 说明"戚、鏚、慼"三个字的关系。

15. 《新华字典》对"贾""景""趋"的意思分别注明："＜古＞又

同'价(價)'。""＜古＞又同'影'。""＜古＞又同'促'。"这样的解释是什么意思?

16. 说一说"閒、間、间、闲"几个字之间的关系。

17. 下面句子中加横线的字是什么意思?这些字后来在字形上发生了什么变化?

(1) <u>知</u>者见于未萌。(《商君书·更法》)

(2) 量<u>要</u>而带之。(《荀子·礼论》)

(3) 边境之臣处(用),则边<u>垂</u>不丧。(《荀子·臣道》)

(4) 学而时习之,不亦<u>说</u>乎?(《论语·学而》)

(5) 孝<u>弟</u>也者,其为仁之本与?(同上)

(6) 寒暑易节,始一<u>反</u>焉。(《列子·汤问》)

(7) 农<u>辟</u>地,商致物。(《商君书·弱民》)

(8) 秦国<u>辟</u>远。(《史记·范雎列传》)

第八章　古汉语词汇中词的意义

★ 学习内容提要

- 词的意义是古汉语词汇研究的核心内容和基本对象,必须对它有一个正确的认识。
- 了解词义,首先必须认识到它是属于语言层面的,所以要同所指和逻辑学中的概念区别开来;其次要知道词义的社会性和概括性是它的根本特质,这是我们对词义的基本认识。
- 语义单位有不同对层级,义位是研究词义特别是古汉语词义十分重要的语义单位,深入认识词义关系和词义的变化、研究古汉语的词汇系统,一般地说都要以义位作为基本单位,所以应当予以特别地重视。义素是对义位作进一步分析后得出的语义构成成分,可以分为指称义素和区别性义素两部分。对义位作义素分析有助于更科学更深入地认识词义。义位的划分和义素分析还存在一些问题,需要继续研究。
- 这一章介绍的概念多一些,这是因为了解这些概念对我们学习古汉语词汇有着重要的指导作用。对本章所讲的基本观点和一些重要概念要结合语言学理论的有关知识学习、要结合古汉语中典型例证的说明理解掌握,重在分析,不要抽象地死记硬背定义。

第一节 对词义的基本认识

目的要求

1. 了解词义和词义的基本类型；
2. 结合对古汉语词汇的实例分析，认识词义的社会性；
3. 结合对古汉语词汇的实例分析，区分词义和概念；
4. 结合对古汉语词汇的实例分析，区分词义和所指；
5. 结合对古汉语词汇的实例分析，认识词义的概括性，区分词的言语义和语言义。

 内容提要

1. 词义

这里讲的词义是词的词汇意义。一般认为，词的意义是客观事物在人们头脑中的概括反映，这种反映通过一定的语音形式显示出来。换句话说，词义是用语音形式固定下来并加以体现的人们对客观事物的一种认识和评价，所以词义是属于语言层面的。由此我们可以知道，把握词义关系到两个方面：一是意义与客观事物的联系，还有一个就是与人们认识的联系。

2. 词义的基本类型

语言中很多词并不只有一个意义。一个词的各种意义的性质并不相同，根据一般的研究，可以大致归纳为：(1) 理性意义（又称概念意义）。它反映人们对客观对象的基本认识，是词义的核心和最稳定的部分。(2) 联想意义。由词义的基本特征而产生出对另一些特征的联想，由此而生成的意义叫联想意义。(3) 社会意义。

由于社会环境、时代背景、思想观念、职业阶层等的不同而产生的意义就是社会意义。(4) 色彩意义。对理性意义而言,色彩意义是一种附加意义。

对以上讲的几种意义类型,要结合具体例证理解,目的在于对词的各种意义的性质有所区别,有一个更深入的认识。比如"朕",我们只是知道这个词指代的对象前后有变化还是不够的,还应当知道与这种变化相联系的背景,这才能说是对词义的了解深入了一步。

3. 区分词义与概念;词义的社会性

词义有三个基本的特点:(1) 词义的概括性;(2) 词义的社会性和民族性;(3) 词义的模糊性。认识这三个特点关系到我们对各种词汇现象的分析。

词义与逻辑学中的概念有关系,但词义并不就是概念。第一,概念属于逻辑范畴,而词义属于语言范畴,是语言中词这一级语义单位的内容部分。其次,概念有真概念和假概念之分,词义则没有正确和错误之分(释义才有正确不正确的问题)。第三,词义既然是属于语言层面,就有鲜明的社会性和民族特点。语言是约定俗成的,词义也是如此。对不同的语言进行比较,可以鲜明地体现出词义的社会性。我们学习古汉语词汇,还要知道同一种语言在不同的时代也有不同的词汇系统,这也是语言社会性的体现。

4. 区分词义和所指

这里说的所指有两方面的意思。第一,一个词所指事物本身的实际状况。比如说"车"和"船",制作材料和形制从古到今都发生了很大的变化,但这种变化是事物本身实际状况的变化,不是词义的变化。这是因为词义指的是某个词在与其他相关的词构成的对立关系中所处的位置。第二,一个词在特定的上下文中具体指的是什么样的事物、动作或情态性状。比如《教程》中举李白的诗"挥剑抉浮云"和杜甫的诗"挥毫落纸如云烟",挥剑和挥毫,两个挥从词义说是一样的,但挥的动作不一样,这与一定的上下文有关系,这也是所指。

将词义(sense)和所指(reference)区别开来,词义并不就是所指,这是现代语义学的一个基本观点,对此要特别注意。

5. 语言义和言语义

抽象和概括是词义对基本特点之一。词义是一种语言义,语言义是对言语义的抽象和概括。所以换一个角度说,把词义与所指区别开来也就是将语言义和言语义区别开来。我们看到的一个词在不同语境内中显示出来的具体意义都是一种言语义。

区分语言义和言语义对于我们掌握古汉语词汇十分重要。在古代的注释中,经常遇到随文释义的情况,列举的意义很繁杂,实际上对词义的解释很多是言语义。所以我们在阅读古书和确定词义时,一定要注意避免望文生义。

6. 语文义和术语义

语文义和术语义是从另一个角度对词义的划分。《教程》说到《现汉》对"心"的两项释义有明显的不同,又说到《现汉》和《新华字典》对"光"的释义也有不同,目的是为了区分词的语文义和术语义。对这两个概念要有一个初步了解。社会性是词义的基本特点之一,词的语文义就是语言社会性的体现。一个词往往有很多意义,我们掌握词义,首先应当掌握词的语文义。

第二节 义 位

目的要求

1. 初步了解义位的概念;
2. 了解归纳义位应当注意的几个问题;
3. 了解什么是泛指和特指。

内容提要

1. 义位

义位是一个重要的概念。关于义位,我们可以从以下几点了解:(1)语义单位是分层级的,义位是词下面的一级语义单位。(2)每个词所包含的意义数量是不一样的。义位是对一个词所含意义数量的分析和归纳。有的词有一个意义,有的词有几个意义,我们把词的每个意义称作义位。(3)义位既然是一级语义单位,它就是一种语言义。(4)义位和义项的关系。粗略地讲,一个义位大致相当于词典中列出的一个义项,但两者又有不同:第一,义位是对词而言,不是对字而言的,而字典词典对字和词的划分并不是很严格的。第二,词典中一个字的下面列出的几个意义即使有明显的联系,其地位也不一定是等同的。比如"兵"的三个意义(士兵、兵器、战事),第(1)个是词义,后两个都是语素义。语素义和词义在语义系统中的地位是不一样的。

2. 义位是十分重要的一级语义单位

研究古汉语词汇的主要目的就是要了解古代汉语词汇的系统及其变化,语义系统是由若干语义单位构成的,所以语义单位的确定是先决条件。从读书的角度说,我们平常说的掌握词义,实际上就是掌握义位。就古汉语词汇来说,由于单音词占优势地位,词和义位的界限有时不是很清楚的,我们可以先以义位作为考察的基本语义单位;同义关系、反义关系等词义关系的研究也都要以义位为单位。所以在各级语义单位中,义位是特别重要的一级。在传统的语文学中,由于语义单位的区分不够明确,不可避免的就出现了一些混淆。《教程》所举《尔雅·释诂下》的例子就可以说明这一点。

3. 义位的归纳

义位的归纳是一个复杂的问题,有些问题还没有完全解决。

在归纳义位的时候,下面几点是应当注意的。

第一,义位既然是一种语言义,归纳义位的时候就要把言语义和语言义区别开来。《教程》举《中华大字典》列出的"为"的(4)、(7)两个义项为例,我们所以认为这两个义项都是言语义,是因为"学"和"敷"的意义是由所带宾语的不同临时区分的。这就是所说的"望文生义"。第二,义位的划分与实际事物的区分要区别开来。比如"臭"指气味,不能因为有各种气味的不同就分成两个或几个义位。第三,一般地说,个别和一般、具体和抽象应当分作两个义位。第四,一个意义能不能看作是一个义位,稳定性是衡量的标准之一。稳定性是语言义社会性的体现,它有两方面的意思:(1)一个意义为多数人所接受和运用。(2)一种意义不是偶然使用一次或几次,而是在一个较长的时期内被使用。

4. 泛指和特指

传统语文学中有"泛指"和"特指"的说法,这是从词义范围的角度说的。这两个概念与划分义位也有关系,我们应当有所了解。泛指和特指都是对词的"本指"而言的。《教程》举"金"和"禾"说明这两个概念。泛指义和特指义能不能看作两个义位,要考察其使用的稳定性。从大量的文献资料看,"金"的特指义和"谷"的泛指义使用是稳定的,应当看作两个义位。

第三节 义 素

目的要求

1. 初步了解义素的含义;
2. 初步了解确定义素应当注意的几个问题;
3. 初步了解区别性义素和指称义素。

4. 认识义素分析的重要性。

 内容提要

1. 义素

关于义素,需要结合语言学理论的有关知识理解。这里引进义素的概念是为了加深对古汉语词义的认识。义素是对义位分解后得出的语义构成成分,它是最小的语义构成成分,又叫语义特征。在进行义素分析的时候,把有共同语义特征的一组词放在一起,从若干方面进行比较,找出它们的区别所在。有共同语义特征的一组词可以称为一个聚合词群,进行比较的若干方面就是义素。《教程》以"哭"和"号"(háo)为例,说明这两个词有一个共同的意思(以发声表示悲哀的情绪),可以构成一个聚合词群。根据这两个词在古书中的使用情况,就可以对其作义素分析。

2. 义素的确定

在确定义素的时候,要注意下面几点。

(1) 义素既然是对义位的分析,那么义素同义位一样,也是语言义。(2) 聚合词群有层级的不同,进行比较的聚合词群应当是同级关系。《教程》举《诗经·豳风·七月》里讲的"豵(zōng)"和"豜(jiān)"为例,说明这两个词是同级关系,可以构成聚合词群;但与"豕"不是同级关系,因为豕是它们的上位词。(3) 不同的聚合词群,其语义构成成分是不一样的。比如"镂",动作行为涉及的对象("金")就是它的语义成分,而具体的动作方式则不是它的语义成分。"号",动作方式是它的语义成分,动作行为涉及的对象(如"老聃")就不是。词与词的对立关系不同,语义成分的构成也就不一样。

3. 指称义素和区别性义素

在一个语义结构中,每个义素表示的内容不同,在语义结构中所处的地位也是不一样的。如果把一个义位的语义结构简化为两项的话,其中一项是表示义位指称的对象(比如"豵、豜"指称的对象是豕),我们称为指称义素;另一项表示词与词之间的区别(比如"豵、豜"的年岁有区别),我们称作区别性义素。指称义素又叫中心义素,区别性义素又叫限定性义素。这样,一个语义结构式可以表示为:

义位:[区别性义素]+[指称义素]

一些有共同的指称义素的词可以构成一个聚合词群,区别性义素表示在这个聚合词群中词与词的对立关系。

不同的聚合词群,区别性义素表示的内容也会有所不同。比如"哭"和"号",其区别性义素表示的是动作方式或者情状的不同,我们称这类区别性义素为特征类区别性义素。"刻"和"镂",其区别性义素表示的是涉及对象的不同(一个是木,一个是金),我们称这类区别性义素为事物类区别性义素。

4. 义素分析

学习古汉语词汇,进行义素分析离不开古代的释义。要注意古代的释义有的比较具体,这样的释义容易区分指称义素和区别性义素(如《说文》把"徐"解释为"安行")。也有些释义过于简单或者含混,需要结合古人的解释和文献资料作进一步考察(如《说文》解释"走"为"趋")。

5. 认识义素分析的重要性

了解义素的概念,对义位进行义素分析,对于我们更深入地认识词义,认识古汉语中词和词之间的意义关系,了解词义的发展变化都是很有帮助的。[①] 特别是一些意义变化比较大的词(如"关"),进行义素分析对它们的使用和变化的情况可以有一个更清楚的认识。对于认识古汉语中的词义关系,义素分析也是有帮助的。《教程》所举"贫"和"穷"就是两个比较典型的例子。

---

① 义素和义素分析还存在一些问题需要解决,这里不作论述。

尽管义素分析还不十分成熟,但很值得我们进行探索。

练习与思考

1. 说说你对词义的理解。
2. 查阅字典,举例说明古汉语中词的理性意义。
3. 《汉语大字典》"肚"的第三项释义是"指思维器官"。肚是不能够思考的,如何看待这项释义?
4. 古代的灯与现在的灯很不一样,"灯"这个词的意义变了没有? 为什么?
5. 如何理解言语义和语言义的区别? 试举例说明。
6. 字典里的义项能不能都看作是义位? 为什么?
7. 旧《辞海》在解释"解"这个词的时候,列了 27 个义项。前面的 6 个义项是:(1) 判也,剖分也。(2) 离散也。(3) 说也,析言事理也。(4) 脱也,免除也。(5) 开放也。(6) 晓悟也。你觉得这样的归纳是否合适,为什么?
8. 《中华大字典》给"奋"列出的一项意义是:"振也,振去尘也。"举的例子是《礼记·曲礼上》:"奋衣,由右(车的右边)上。"这句话是讲驾车人为国君驾车时的情况。"振去尘"能不能看作一个义位?
9. "臭"可以指香气,也可以指臭气,能不能分作两个义位,为什么?
10. 举例说明泛指和特指。
11. 说说你对义素的理解。
12. 《说文》:"理,治玉也。"分析"理"的区别性义素和指称义素。
13. 《说文》:"析,破木也。""顾,还视也。""须,面毛也。""印,执政所持信也。"尝试给这四个词作义素分析。

第九章 词义的发展变化

★ **学习内容提要**

- 词的意义是发展变化的,这是我们应当树立的基本观念之一。如果一个词的意义有变化,首先应当掌握词的本义。本义是对语言中词而言的,是分析词义变化发展的起点。
- 我们有时感到词义不好掌握,往往是因为一个词有很多的引申义。词义的引申是一种复杂的现象,可以从变化的方式考察,也可从变化的结果考察(如扩大、缩小、转移、易位等)。为了更深入地认识词义变化的过程,我们可以尝试对本义和引申义作义素分析。我们发现,指称义素和区别性义素在词义变化的过程中呈现出变换、遗传、扩大和紧缩等不同的形态。
- 通过本章的学习,应当认识掌握词的本义的重要性,了解词义变化的方式和词义在范围方面的变化。在读书中尝试对词义变化作初步的分析。

第一节 古今词义的异同

🎯 目的要求

1. 考察词义要有一个历史观点；
2. 在阅读中注意古今词义的差异；
3. 分析词义的异同要注意字和词的区别。

 内容提要

1. 考察词义要有一个历史观点

我们考察词义要有一个历史观点。树立这样一个观点，就是不能简单地以今律古。考察词义的变化，一是要看词义发生了什么样的变化；二是看这样的变化发生在什么时候；最后还要看这些变化是怎样发生的（变化的途径、原因和规律）。

2. 古今词义异同的几种情况

（1）语言中的词汇分为基本词汇和一般词汇。基本词汇是语言中最稳定的一部分。汉语的基本词汇变化相对比较小（即使是一般词汇，有的变化也不大），很多最基本的语素古已有之。（2）有的词义变化很大，古今悬殊（如艺有种植的意思）。（3）有的词义跟现代汉语的词义比较虽然有不同，但区别没有第（2）类的那么显著（如《教程》所举的"毙"和"敌"）。

比较起来，第（2）种情况是迥别，第（3）种情况是微殊。我们读书的时候，特别要注意的是微殊，因为这样一些句子按今天的意思也能解释得通，最容易造成误解。比如"勤"，比较早的意思是劳累、辛苦。在"舜勤民事而野死（指征有苗而死于苍梧之野）"（《国语·鲁语上》)这个句子里,把"勤"解释成尽力、不偷懒好像也可以,但实际上是为……而辛苦的意思。

3. 考察词义的异同要注意字与词的区分

词义的差异是讲一个词范围内的事情,不过一个字对应的不一定是一个词;如果一个字对应的不是一个词,那就不是一个词意义的发展变化了,这是我们要注意的。比如"绸"。《诗经·小雅·都人士》说:"彼君子女,绸直如发。"这里的绸是密的意思。又《唐风·绸缪》说"绸缪束薪",这里的绸缪是缠束的意思。现在的绸是一种丝织品。这里一个绸字表示的是不同的词,我们就不能说绸的词义变化很大。

第二节 词义的引申——词的本义和引申义

目的要求

1. 了解什么是词的本义和引申义;
2. 了解字形义的概念;
3. 词义引申的例证分析。

内容提要

1. 词的本义和引申义

一个词如果有几个意义,我们就把那个词生成时的最初的意义叫做词的本义,由本义延伸派生出来的意义叫做词的引申义。比如说"题",它的本义是额头,题目是它的引申义。本义和引申义的概念并不难理解,主要是在读书的时候能够结合实例进行分析。

2. 字形义

本义和引申义都是对词而言。需要注意的是,古人没有词的概念,他们说的本义往往是就字而言的。比如《段注》就曾对本义作过反复的说明。如"鬈"从"髟",所以讲它的本义是"发好"。《段注》说的本义也就是字形结构显示出来的意义。我们把一个字的字形结构显示出来的直观的意义称作字形义。《说文》把"初"解释为"始也。裁衣之始也","裁衣之始"就是一种字形义。从实际情况看,一个字的字形义与它表示的词的意义有的是一致的,重合的;有的就不一致,是错综的。比如"基"是重合的,"初"就是错综的。

我们引进字形义这个概念,一是因为很多汉字的字形结构与词义有着密切的关系,我们在考察词义的时候应当重视对字形义的分析;二是要明确字形义和词义虽然有密切的关系,但还不是一个概念,这有助于我们对词义的深入认识。

3. 词义引申举例

《教程》以"间"为例对本义和引申义作具体说明。第1例是缝隙的意思,是间的本义,由此引申出很多的意思。从读音看,前面4例读 jiān,接下来的5例读 jiàn,最后一例读 xián(后写作"闲")。这个例子告诉我们:(1) 对于学习古汉语来说,把握词的本义有着特别的重要性。掌握了本义就是掌握了根本,就可以以简驭繁。(2) 古汉语中很多词义有着复杂的引申关系,单是记住每一个意思还是不够的,还应当对词义的引申序列有一个理解,这才能说是深入了一步。

第三节 词义引申的方式

目的要求

1. 了解词义引申的一般规律;
2. 了解词义引申的几种方式。

内容提要

1. 词义引申的一般规律

从总的变化趋势看,从个别到一般、从具体到抽象是词义引申的一个规律。比如"奋"本来指有力地飞,后来很多有力的动作都可以用奋来表示。这就是从个别到一般。从具体到抽象的引申就更为普遍。比如"总",本来的意思是聚合捆束。由此引申为总归、总括。再比如"析",《说文》解释为"破木",指劈开木头。由此引申为分开、离散(如"分崩离析"),就是一个抽象的意思。

在现代汉语中,很多词用的是抽象的意思。抽象的程度越高,分析起来就越复杂。比如"纪",本义指丝缕的头绪,是一个具体的意思。由此引申为事物的端绪,就成了一个抽象的意思。有了头绪事物才会整理清楚,才会有条贯。由此引申为纲纪、法度、准则、规律,这些意思就更抽象了。

也有一些词开始表示的是一个一般的或者比较抽象的概念(比如"敛",基本意思是收束)。

一般说来,从个别到一般的引申好理解一些,从具体到抽象的引申理解起来就困难一些。这是我们读书时应当注意的。

2. 词义引申的方式

引申的方式也就是引申的一种轨迹。一般认为,词义引申的方式有三种类型:辐射型、连锁型和综合型。

(1)辐射型。辐射型中的引申义以一个意义(往往就是词的本义)为核心向不同的方向派生出去。可以表示如下:

《教程》所举"节"的几个主要意思就可以看作是一种辐射型的引申。从"节"的引申序列可以看出:(1) 节的 7 个引申义向着不同的方向延伸;(2) 这 7 个引申义都是由它的本义派生出来的,引申义之间没有派生关系。(3) 这 7 个引申义在引申序列中地位是平等的。

(2) 连锁型。连锁型是一种逐层引申的意义序列。可以表示如下:

$$A \rightarrow B \rightarrow C$$

《教程》所举"徒"的几个意思可以看作是连锁型引申。可以看出在连锁型引申中:(1) 两个引申义的方向是一致的。(2) 第 1 个引申义由本义派生而来,第 2 个引申义由第 1 个引申义派生而来。引申义之间是一种前后相承的关系。(3) 引申义在引申序列中的地位是不平等的。(4) 1、2 两个意义之间有联系,第 3 个意义与第 1 个意义(通常是本义)则失去了语义联系,所以 1、3 两个意义有很大的不同。

(3) 综合型。综合型是指一个引申序列中既有辐射型,也有连锁型。很多较为复杂的引申关系都是综合型的(比如"习"的引申就可以看作是一种综合型的)。

对以上例证的分析表明,义素分析有助于对词义引申关系的深入认识。

第四节　词义范围的变化

目的要求

1. 关于义位的增加和减少;
2. 了解词义范围变化的几种情况;

3. 认识词义轻重的变化和色彩的变化。

 内容提要

词义引申的方式讲的是词义变化的轨迹,词义范围的变化讲的是词义变化的结果。从结果看,词义变化有两种情况:第一,义位的增加或减少。第二,词义范围的变化。

1. 义位的增加和减少

义位的增加和减少大致有三种情况。第一,一些词的意义从古到今没有什么大的增减(比如"吹")。第二,义位的减少。一个多义词,有的意义消亡了,有的还在用。比如"私",在古代又有爱的意思。现在公私意思还用,私爱的意思没有了。第三,义位的增加。新的义位生成后一直沿用到现在。比如"家",《说文》解释为"居",后来转指人。家作人讲是一个新的义位,这个意思一直沿用至今。这三种情况比较起来,尤其值得注意的是第二种。因为一个义位古代有,后来消亡了,我们今天就不免感到陌生。读书的时候碰到一些词的意思不好理解,很多是这一类情况。

2. 词义范围变化的几种情况

词的意义都有一定的范围,比如"生物、动物、飞禽"意义的范围就不一样。第一个意义是大的类别,下面依次分出小的、更小的类别;也就是说,第一个意义是上位义,下面依次是它的下位义。词义范围的变化是就义位变化的结果而言。一般认为,词义范围的变化有三种情况:扩大、缩小、转移。

(1) 扩大

词义的扩大指意义由下位义变成了上位义。比如"匠",原指木匠,后来指各种有技术的工人。不过"脸"的意义变化与上面说的词义的扩大有所不同(脸原来指的是两颊,后来指整个面部)。一般说的扩大是意义由一个小类上升为所属的一个大类,而颊和面部是部分和整体的关系。虽然都是范围的变化,但有所区别。

(2) 缩小

缩小是意义由上位义变成了下位义。比如"宫",秦以前,不论居住者身份贵贱,居住的房屋都可以称宫。秦以后,宫专指帝王住的宫殿。

(3) 转移

转移是词的意义由一个范围移动到了另一个范围。比如"兵",本来的意思是兵器,现在指士兵。兵器是一种器物,士兵是人,两个意义属于两个不同的范围。转移有两种情况。有的词,新的义位产生之后,旧的义位就不再用了(比如"史"原来可指人)。有的词,新义产生之后,旧义还在用。比如"家",家居的意思和人的意思都还在使用。

以上说的三种变化只是粗略的划分,实际情况要复杂得多。特别是转移一类,研究得还不够。我们在学习的时候,要从最典型的例证入手进行分析。

3. 从义素分析看词义范围变化的几种情况

一个义位是由若干义素构成的,如果要对词义范围的变化有一个更深入的认识,就应当对范围不同的两个义位尝试作义素分析。从《教程》对"匠、宫、汤"的分析可以看出,扩大是义位的区别性义素扩展了,缩小则是义位的区别性义素紧缩了。扩大和缩小义位的指称义素都没有变化,而转移则是义位的指称义素发生了变化。

4. 关于易位

从《教程》的分析可以看到,由汤1到汤2,不光是指称义素发生了变化,区别性义素也发生了变化。另有一类,比如"涕",古代指的是眼泪,后来指鼻涕。从涕的变化来看,所依从的大类(津液)没有变,但所属的小类变了。这也是一种转移,这类转移没有汤的变化幅度大。为了与一般所说的转移有所区别,有的学者把这种变化称为易位。

5. 词义轻重和色彩的变化

(1) 词义轻重的变化

轻重指的是一种程度。比如冷与凉的温度不同,热与温也不同。一个词如果有不同的义位,每个义位意义的轻重有的也不一样。从词义的发展看,有些词义的轻重古今有变化。词义加重的例子如"诛",词义减轻的例子如"购"。

(2) 词义色彩的变化

有些词的意义包含有情感色彩。情感色彩表明说话人的态度:有表示肯定满意的,就是褒义;有表示不满贬斥的,就是贬义。一些词的情感色彩古今有变化。比如"爪牙",变化之后有贬义。也有的词变化之后带有褒义(如"祥")。学习古汉语词汇,不仅要知道词义发生了变化,还要知道词义发生了怎样的变化。

第五节 词义变化的义素分析

目的要求

1. 初步认识义素的变化构成了义位的变化;
2. 尝试从义素的变化考察词义范围的变化;
3. 尝试从义素的变化观察词义变化的一般规律;
4. 尝试从义素的变化观察词义变化的的方式。

内容提要

1. 义素的变化构成了义位的变化

词义是一个词在整个语义系统中所占的位置和空间。在语义系统中每一个义位都有自己的一个位置和空间。义位既然是由义素构成,那么义素变化的总和就构成了义位的变化。所以考察义位的变化还应当深入到义素这个层面。

从原则上讲,义素的变化应该有扩展与紧缩、存留、变换这样三个方面。前面说过,一个义位的语义构成成分可以分为指称义素和区别性义素两部分,所以每一个方面又可以从指称义素和区别性义素两部分分别加以考察。

2. 从义素的变化考察词义范围的变化

在词义的扩大、缩小、转移中,两类义素呈现出不同的变化形态。比起扩大和缩小,词义的转移更为复杂一些,下面作进一步的说明。

(1) 从指称义素的变化看,有的变化的幅度大(比如"汤");有的变化的幅度小一些(比如"闻")。"闻"的意义的转移是在感知这样一个范围内进行,变化的幅度要小一些。前面说到的易位与一般的转移比较,变化的幅度就要小。(2) 从区别性义素来看,有的变化小一些,比如"兵"的两个义位就有共同的的区别性义素。有的区别性义素变化大一些,比如"攻"在古代有治的意思,又有攻击的意思。作义素分析可以看出,两个义位没有共同的区别性义素。

3. 从义素的变化观察词义变化的一般规律

前面讲到词义变化的趋势是从个别到一般,从具体到抽象,也可以尝试用义素分析作进一步的考察。比如"集"的变化是从个别到一般。分析表明,"集"的指称义素(聚集)没有变,变化的是区别性义素,是区别性义素的扩展。"析"的变化是从具体到抽象。分析表明,"析"的指称义素(分离)也没有变化,变化的是区别性义素;区别性义素不但扩展,而且抽象化了。

4. 从义素的变化观察词义变化的方式

对词义变化的三种方式也可以尝试用义素分析作进一步的考察。比如对"节"的分析表明:节的指称义素是限制、分段;节的 7

个引申义位的指称义素基本上没有变化(或侧重于分段,或侧重于限制),变化的是事物类区别性义素,事物类区别性义素由一个范围向另一个范围不断地转换,这就构成辐射型的引申。

《教程》第三节讲连锁型引申时以"徒"为例,说到徒的第3个义位(跟从的人)与第1个义位(步行)失去了联系,说明两个义位的指称义素和区别性义素都发生了变化,这是共同义素的失落。与此相反,"集、析、节"的指称义素从一个义位到另一个义位基本上没有变化,这就是义素的遗传。不只是指称义素有遗传,区别性义素也有遗传(比如"习"的区别性义素"反复"贯穿于习的5个义位)。一个义素由上一个义位传给下一个义位,我们把这样的义素叫做遗传义素。

遗传义素在对词义变化的分析中占有重要的地位,正是有了遗传义素,我们才得以清楚地看到词义是怎样由一个义位派生出另一个义位的,因为相邻的两个义位总是有一个共同的义素。当遗传义素在引申的过程中失落的时候,便会造成意义的中断,这时候一个词的意义便会发生很大的变化,如上面讲的"徒"那样的情况。

练习与思考

1. 解释下面句子中加横线的词,注意古今词义的不同。

(1) 先王之<u>制</u>,<u>大都</u>不过三国之一。(《左传·隐公元年》)

(2) 昭王南征而不复,寡人是<u>问</u>。(《左传·僖公四年》)

(3) 夫晋何<u>厌</u>之有,既东<u>封</u>郑,又欲<u>肆</u>其西<u>封</u>。(《左传·僖公三十年》)

(4) 射其右,<u>毙</u>于车中。(《左传·成公二年》)

(5) 不忘恭敬,民之主也。<u>贼</u>民之主,不忠;弃君之命,不<u>信</u>。(《左传·宣公二年》)

(6) 舜<u>勤</u>民事而野死。(《国语·鲁语》)
(7) 殷<u>因</u>于夏礼,所损<u>益</u>,可知也。(《论语·为政》)
(8) 君子<u>病</u>无能焉,不病人之不己知也。(《论语·卫灵公》)
(9) 水深而<u>回</u>。(《荀子·致士》)
(10) 齐国虽褊小,吾何<u>爱</u>一牛?(《孟子·梁惠王上》)
(11) 耕、渔与陶,非舜<u>官</u>也。(《韩非子·难一》)
(12) 闻道有先后,术业有专<u>攻</u>。(韩愈《师说》)

2. 解释下面成语中加横线的词。

家<u>徒</u>四壁 喜<u>形</u>于色 完<u>璧</u>归赵 揭<u>竿</u>而起 不<u>刊</u>之论
<u>兵</u>不厌诈 <u>休</u>戚相关 陈陈相<u>因</u> 家<u>给</u>人足 无庸置<u>喙</u>

3. 说明下面词的本义。

责　止　相　际　就　控　引　年　劝　领
阳　术　戒　鉴　及　盥　末　没　景　策

4. 举两个例子说明通过字形结构探求词的本义。

5. "约、总(總)、纪、统、经、练"的义符都是"糸",以这几个字为例说明字形结构对掌握词的本义的作用。

6. 《说文》:"牧,养牛人也。"这个释义是否合适?为什么?

7. 下面几句话中的"鄙"是什么意思?在意义上有什么联系?

(1) 既而大叔命西鄙北鄙贰于己。(《左传·隐公元年》)
(2) 焚符破玺,而民朴鄙。(《庄子·胠箧》)
(3) 先帝不以臣卑鄙,猥自枉屈,三顾臣于草庐之中。(诸葛亮《出师表》)
(4) 我皆有礼,夫犹鄙我。(《左传·昭公十六年》)

8. "因"在现代的两个主要意思是原因、因为,说说这两个意思是怎么来的?

9. "任"在现在有职责、任务的意思,这个意思是怎么来的?

10. 很多词义的引申是从个别到一般,从具体到抽象,分别举例说明。

11. 以"节"为例,说明什么是辐射式引申。辐射式引申同连锁式引申的主要区别是什么?

12. 举例说明词义范围变化的几种情况。

13. 竭,《说文》解释为"负举",现在的意思是尽,能不能说"竭"这个词的意思发生了很大的变化,为什么?

14. 很多字典谈到释义的顺序时说以本义、引申义、假借义为序,这三种意义有没有什么关系? 试举例说明。

第十章 古汉语中词与词的意义关系

★ 学习内容提要

- 从现代语言学的观点看,词汇是一个系统,词汇的系统性主要体现为词与词的意义关系。把词义放在词汇系统中考察是我们应当树立的一个基本观点。
- 一般认为,词义关系有两个方面:组合关系和聚合关系。为了表达一个意思,词与词结合在一起的时候,在意义上要彼此适应互相协调,这就是组合关系。一些词的意义共处于一个语义范围之中,有着这样那样的对立关系(在同类句法结构中,它们往往可以在相同的位置上出现),这就是聚合关系。无论是组合关系还是聚合关系,古今比较,一些词都有不同程度的变化。比如《教程》中举的"乘"就是组合关系的变化。古汉语中词义的聚合关系应当如何分类,学者们的意见还不尽一致。
- 这一章介绍词的同义关系、反义关系、类义关系、上下义关系和词的同源关系。其中同源关系既包括意义方面的关系,也牵涉到读音方面的联系。对这几种关系应当有一个初步的了解。在分析各种词义关系时应当注意:(1)义位是考察这些关系的基本语义单位;(2)在划分各种意义关系时注意字和词的区分,不要把字与字的关系混同于词与词的关系;(3) 各种意义关系的基本区别;(4) 在读书中逐步学习辨识不同的词义关系。
- 对以上几种词义关系,特别要注意掌握同义关系、反义关系和同源关系。

第一节 同义关系①

目的要求

1. 应当明确,确认词的同义关系要以义位为单位;
2. 初步了解同义关系的确认;
3. 初步了解同义关系的辨析。

内容提要

1. 确认词的同义关系要以义位为单位

讨论词的同义关系有两点需要明确。第一,意义的相同是就义位的比较而言。如果一个词是多义词,它的几个义位就可能分别与不同的词构成同义关系。如古书中诛有责备、惩罚、诛杀的意思,这三个意义可以分别同责、罚、杀构成同义关系。第二,讨论同义关系要与词义的所指也就是言语义区别开来。比如"奋笔疾书"和"挥笔疾书",虽然"奋"和"挥"表示的动作差不多,但我们不能因

---
① 在讨论同义词的时候,一般还要谈到等义词。等义词又称为绝对同义词,指意义没有任何差别、在任何情况下都能够互相代替的词(比如公尺和米)。这里对等义词不作讨论。

此就说它们是同义关系。

2. 同义关系的确认

确认同义关系需要将同义关系与其他各种聚合关系区别开来,有几点是应当注意的。

第一,构成同义关系的义位不但指称义素必须相同,而且一部分区别性义素也是相同的。因为只有指称义素相同才能保证这些义位处在同一个意义范围之中(但我们不能反过来讲指称义素相同的就一定是同义关系)。由此可知,确认同义关系需要对义位进行正确的语义分析。《教程》对"逐"和"追"的分析表明,这两个词不只是指称义素相同,也有相同的区别性义素,当人们在使用中不再计较兽和人的区别的时候,它们就构成了同义关系。

第二,构成同义关系的义位必须是同位关系。义位有层级性,处于上位的意义包含处于下位的意义(从逻辑学上说,就是属和种的关系)。比如不能说"刀"和"兵"是同义关系,因为兵对刀来讲是一个上位词。

第三,语言是一种交际工具,词的意义关系体现在人们对语言的使用中。有些词,就其实际指称的事物看不一样,但在实际使用中人们并不着意于这种区别(相互对立的区别性义素),而是着眼于它们相同的一面(相同的区别性义素),也可以构成同义关系。《教程》举"牍"和"牒"为例就说明了这一点。

第四,在确认同义关系时,应当注意古人对词义的训释。对训诂学上常常提到的有三种释义方式"互训、同训、递训"我们应当有所了解。互训就是两个词互相训释;同训是用同一个词去训释几个词;递训就是用B词去训释A词,又用C词训释B词。这三种训释方式比较起来,在确认同义关系时互训的可靠性更大一些。需要注意的是,古人没有义位的概念,我们需要确认他们是在哪一个义位上进行训释的(比如所举同训三个例子中的"法"就表示不同的意思)。

3. 同义关系的辨析

辨析同义关系是一件很细致的工作,至少有两方面的问题就需要注意。

第一,有一些词的意义不单有理性意义,还有附属意义(如感情色彩、语体色彩等)。两种意义在语义结构中所处的地位是不同的,辨析时不能同等看待。

第二,名词、动词、形容词的理性意义不同,它们的语义构成各有侧重,辨析的时候可以分开来考虑。名词的语义结构常常牵涉到事物的大小、性质、形制状态、制作材料、功用等方面。比如"牒、牒"是形制的不同;"模、范"是制作材料的不同。动词的语义结构需要考虑以下几个方面:(1)动作行为本身的方式状态(比如"撼"和"摇"就有方式状态的不同)。(2)动作的施事和受事(比如"诛"和"弑"就有施事受事的不同)。(3)动作凭借的事物(如工具之类)。比如古人解释说:"草养曰刍,谷养曰豢。"这是凭借的不同。

形容词的语义结构主要考虑以下几个方面:(1)事物的性状(程度、性质等)。比如"燠(yù)"和"暑"就是性状的不同。(2)性状所联系的事物或方面。比如"肥"和"腯"就是性状联系的事物不同。

第二节 反义关系

目的要求

1. 了解反义关系的类型;
2. 初步了解反义关系的确定;
3. 了解什么是反训。

内容提要

1. 反义关系的类型

反义关系由两项构成,一般认为有以下三种类型。(1)互补关系(比如"生/死")。(2)极性关系(渐进关系)(比如"大/小")。(3)反向关系(相对关系)(比如"买/卖")。

反义关系是一种聚合关系,在一个语义范围中构成对立关系,但三种类型的特点又有所不同。互补关系中一个语义范围中只有A、B两项,不是A就是B,没有中间状态。极性关系中对立的两项处在语义范围的两极,两极之间有一个中间状态。从语言层面看,表示这种中间状态的词并不多(常见的是大、中、小的"中")。反向关系的特点是:两项之间没有中间状态,一项之中蕴含着另一项(如买的行为蕴含着另一方卖的行为)。从词汇意义看,反向关系常表现为名物的意义(如"夫/妻")和行为的意义(如"嫁/娶")。

2. 反义关系的确定

与同义关系一样,反义关系也是就义位而言的。一个词如果有几个义位,就可能与几个词构成反义关系(比如"疏"可以分别与"密"和"亲"构成反义关系)。如果两个反义词各有几个义位,还可以构成相对应的几组反义关系。比如"多"和"少"在古书中既表示数量的大小,又表示称赞和轻视,可以构成两组反义关系。

第二,构成反义关系的义位不但要有共同的指称义素,还必须有相互对立的区别性义素。互补关系中区别性义素的对立是很明显的。极性关系的例子如"大、小",区别性义素表现为数量的对立。反向关系的例子如"买、卖"表现为货币与物品交换的对立。两个义位构成对立,有的反映了客观事物的对立(如男/女),也有的反映了人们主观上的认识(如荣/辱)。

第三,语言是供人使用的,实际事物有对立关系不一定就能够构成反义关系,还要考虑义位的使用情况。比如"颈"和"项",颈指前部,项指后部,但从使用情况看还不能构成反义关系。

3. 关于反训

训诂学中有反训的说法,意思是一个词有相反的两个意思。反训讲的是一个词中义位与义位的关系,与词的反义关系性质并不完全一样。

晋代学者郭璞在给《尔雅·释诂下》作注时提出一种现象叫做"美恶不嫌同名"[①]。比如他认为"肆"这个词既有故的意思,又有今的意思,从时间上说,故与今意思相反。后来的学者把这种现象又叫做"美恶同辞",也就是通常说的反训。研究者对反训有一些不同的看法,我们的看法是反训是一种词汇现象,这种现象是存在的,但应当严格界定,不能过分夸大。首先应当注意的是要划清字和词的界限。比如"故",有表示时间的故(故旧),有用作连词的故(所以),是一个故字记录了两个词。《尔雅·释诂下》里的"肆"是作连词用的,与表示时间的故、今没有关系。

反训作为一种词汇现象,《教程》举出比较明显的三种情况。第一,去取关系。如"贷"有借出的意思,又有借入的意思。第二,相与关系。相与是在一起的意思。比如"与"有亲附的意思,又有对付的意思。第三,反向关系。比如"被"有加被的意思,又有蒙受的意思。

第三节 类义关系

目的要求

1. 初步了解类义关系的概念;

---

① 见《尔雅·释诂下》"徂、存,在也"条下郭璞的注。

2. 初步了解类义关系的确认。

 内容提要

1. 类义关系

古书中戈、矛、弓、矢是四种兵器的名称,我们把这四个词的意义关系称为类义关系。类义关系有以下几个特点:(1) 词义表示的类别是同一大类下面的各个小类。(2) 构成类义关系的词处于同一位次,不能互相包含,比如戈不包含矛,矛也不包含弓。(3) 构成类义关系的词有相同的指称义素。它们的区别性义素既不表现为同义关系,也不表现为反义关系。比如上面四种兵器,它们的形制、制作材料和使用方法都有不同,但这些区别并不表现为意义的相反相对。

2. 类义关系的确认

类义关系有时不好划分,主要是与词的同义关系有交叉。区分类义关系与同义关系,可以从两个方面考虑。第一,从区别性义素看,构成同义关系的义位有明显相同的区别性义素,构成类义关系的义位没有显著相同的区别性义素,或者其相同的区别性义素在语义构成中和使用中并不占有重要地位。比如笔、墨、纸、砚作为四种书写用具,有共同的指称义素(书写用具),没有共同的区别性义素。第二,区分同义关系和类义关系还应当考虑义位的使用情况。从使用看,同义关系着眼于相同,表现为同义连用;反义关系着眼于相对,表现为对举;类义关系着眼于分类,表现为列举。以上两个方面应当结合起来考虑。

第四节 上下义关系

🎯 目的要求

1. 初步了解上下义关系的概念；
2. 了解考察上下义关系应当注意的几个问题。

 内容提要

1. 词的上下义关系

语言中有一些词表示大的类别，有一些词表示这个大类下分出的小类，表示大类的词与表示小类的词处于不同的位次，就构成一种上下义的关系。处于上位的是上位词，上位义；处于下位的是下位词，下位义。古代的训释并没有明确地告诉我们词的上下义关系，需要进行分析。《教程》依据《说文》对"菜、堇、习、扑"的解释，将它们的位次关系表示为：

上位： 草　菜　飞　击
　　　 ↓　↓　↓　↓
下位： 菜　堇　习　扑

2. 考察上下义关系应当注意几个问题

第一，如果对下位义作义素分析，可以知道上位义表示的就是它的指称义素，另有区别性义素将下位义显示出来。如上位义"草"是菜的指称义素，区别性义素"可食"显示的是下位义。第二，上下义是相对而言，下位义之下还可能有下位义。如下面三个词的位次关系是：草──→菜──→堇。第三，上下义的关系并不是固定的不变的。(1) 由于特指或泛指的缘故，使得一些词兼有上位义和下位义。比如金,作金属讲是上位义,作黄金讲是下位义。(2)随着词义的变化,意义的位次也会发生变化。比如唱,原来是领唱的意思,后来的意思是歌唱,是由下位义变成了上位义。第四,在考察上下义关系的时候,我们要注意古代学者的训释方式。释义方式大致有两类:一类是"区别性义素 + 指称义素",一类是"指称义素 + 区别性义素"。遇到第二种方式,就需要加以分析,转换成一个一般的语义表达式。

第五节 词的同源关系

目的要求

1. 了解同源关系的概念和确认同源关系的条件;
2. 注意同源关系例证的分析;
3. 了解什么是右文说;
4. 了解考察同源关系应当注意的几个问题;
5. 了解什么是浑言和析言。

内容提要

1. 同源关系的概念;确认同源关系的条件

要明确地认识到,音和义是一个词不可分割的两面,所以在考察词的意义关系时,还应当考虑到语音方面的因素。对于汉语中的一部分词来说,选择某个语音形式去表示某种意义,有一个根据所在,这叫做词的内部形式或者说词的理据。对这个概念,《教程》举刘熙《释名》对"梳"的解释说明"梳"和"疏"是同源关系,有共同的理据。从音的方面看,梳和疏的读音完全相同;从意义看,所以用 shū 这样一个读音表示梳子这样一个事物(这里用现代的读音只是用以说明问题),是因为从意义上看梳子有稀疏的特征。可以看出,在古汉语中,如果几个词在语音上有密切的联系,它们的意义又都包含有所标示事物的共同特征,这就是说它们有共同的语源。在古汉语词汇研究中把这样的词叫做同源词。

判定同源词有两个最重要的条件:(1)读音相同或者相近;(2)有共同的语源义。声音方面是说声母、韵部都必须相同或相近。意义方面讲共同,是指有共同的语源义。人们在给某些对象命名时有时以联想到的对象的某种特征为依据,这种命名时所依据的对象的特征体现在词义中,就是我们说的语源义。比如在给梳子命名时联想并依据的特征就是稀疏。稀疏这样的特征体现在"梳"这个词的词义中,就是它的语源义。对这个概念我们要理解。

同源词必须有共同语源义,但不是随便哪一个意义都可以看作语源义的。《教程》对"境"和"界"的分析表明,尽管两个词的读音相近,主要的意义也相同(都有边界的意思),但语源义并不一样。因此两个词不能构成同源关系,应该看作同义关系。

2. 同源关系举例

对《教程》所举的几组同源词的例子一定要理解,要注意分析它们具有的共同的语源义;在此基础上举一反三,逐步学习对同源关系的分析。从书写形式看,相当一部分表示同源词的字有着共同的声符,分析时应当注意。

前面介绍区别字时曾说到有一类区别字是由于词义的引申而生成的(如"溢"和"悌")。从词的关系说,前后两个字表示是同源词。这是同源词中的一大类。

3. 确认同源关系应当注意的几个问题

(1)同源词与同源字、异体字、假借字。同源词讲的是语源关系,属于语言层面;同源字是记录一组同源词的几个不同的字,所以没有同源词,就不会有同源字。前面讲过字的异体关系,还有假借字与本字的关系,都不能认为它们所表示的词是同源关系。因为异体字表示的是同一个词,假借字和本字表示的也是一个词。(2)同源关系与同义关系。有一部分同源词是同义关系,比如蒙和冒,都有覆盖的意思。也有的不是同义关系,比如峤和骄。后面一类所以不是同义关系,是因为它们的指称义素不一样。(3)语源义与本义的关系。语源义蕴含于本义之中,但又不是本义的全部。比如峤和桥,共同的语源义是高。分析表明,在本义的语义结构中语源义往往体现为某一区别性义素。

4. 右文说

右文说是传统训诂学中比较重要的一个概念,所以应当有所了解。上面说到,以"乔"作声符的几个字都有高的意思。这表明一部分形声字的声符不光可以表音,也可以表义,而且词的语源义(比如"高")往往就由声符体现出来。由此可知一些字的形体结构有助于我们认识同源词之间的语音联系和意义关系。我国古代的学者已经注意到了这种现象。他们认为"凡字,其类在左,其义在右"。形声字的意符在左,表示事类;声符在右,表示一个共同的意义,这样一种观点就被称为右文说。需要注意的是,这只是就一部分字而言,并不是所有的声符都可以表义。

5. 浑言和析言

在分析词义关系时,古代学者经常有"浑言/析言、统言/析言、散文/对文"等说法,对此我们也应当有所了解。"浑言、统言、散文"是说在解释或使用的时候不加区别,"析言、对文"是说在解释或使用的时候要加以区分。古人说的析言和浑言是讲词义关系的。其中很多是同义关系(比如"牙、齿"),也有的不是同义关系。浑言和析言的说法反映的词义关系并不完全一样,对古人的解说要作具体的分析。

第六节　词义关系的变化

目的要求

1. 初步了解同义关系的变化；
2. 初步了解反义关系的变化。

 内容提要

1. 同义关系的变化

这一节主要讨论同义关系和反义关系的变化。同义关系的变化有以下几种情况值得注意。第一，有的词过去有同义关系，后来没有了。比如"植、艺、树、种"这几个词过去都有种植的意思，在现代汉语中艺和树不再与种、植构成同义关系了。第二，几个词原来没有同义关系，后来成了同义词。比如"穷"和"贫"原来不是同义词，后来穷引申为在经济生活中无出路、困窘，与贫构成同义关系。第三，同义词的减少。原来的一组同义词中，有的词还在，有的到了后来就消亡或很少单独用了（比如"曩"）。同义词减少的原因主要有两个。一是有的词已经消亡了（比如"曩"）。另一个原因是词还在，但意义发生了变化（比如"艺"，种植的义位已经没有了）。

2. 反义关系的变化

反义关系的变化至少有以下三个方面我们应当注意。

第一，反义关系中的一项没有变，另一项变了。比如过去"高"和"下"构成反义关系，后来高和低构成反义关系。第二，某个词的反义词原来有几个，后来有的不用了，这是反义词的减少。比如"多"过去既可以与"少"构成反义关系，又可以与"寡"构成反义关系;现在寡用的就很少了。第三,原来构成反义关系的两项后来都发生了变化。比如"辩"和"讷"(nè)原来可以构成反义关系。后来辩的主要意思是争辩,讷则已经很少单独使用了。

练习与思考

1. 如果一个词是多义词,它可能与几个不同的词构成同义关系。举例说明。
2. 举出古汉语中的两组同义词并加以辨析。
3. "挥笔疾书"和"奋笔疾书"的意思差不多,能不能说"挥"和"奋"是同义词? 为什么?
4. 《说文》把"辟"和"模"都解释为"法",能不能说这两个词是同义关系? 为什么?
5. 简要辨析下列各组同义词:
   视/见 皮/革 牙/齿 提/携 困/乏
6. 举例说明反义关系的三种类型。
7. 为什么一个词如果是多义词,它就可能与几个不同的词构成反义关系? 举例说明。
8. 反训是一种什么样的词汇现象?
9. 类义关系是一种什么样的词义关系,举例说明。
10. 《说文》:"疾,病也。"又:"痹,湿病也。""疾"和"病"是什么关系?"痹"和病"是什么关系?
11. 举例说明什么是上下义关系。
12. 词的上下义关系不是固定不变的,举例说明。
13. 举例说明什么是同源词? 确认同源词的条件是什么?
14. 举例说明什么是同源字。
15. 为什么说"境"和"界"不是同源关系?
16. 训诂学上说的"浑言"和"析言"是什么意思?

17. 举例说明同义关系的变化。
18. 以"穷"为例说明反义关系的变化。

第十一章 词汇的发展变化

★ 学习内容提要
- 从某种意义上讲,词语就是对外部事物的命名。词汇的变化可以从意义方面考察,也可以从名称方面(包括旧名和新名两个方面)考察。同样的事物,同样的观念,我们要考察在过去是怎么说的,后来又是用一个什么样的名称来表示的。从旧名方面说是考察继承或消亡,从新名方面说是考察生成。新名的生成有新语素的生成、旧语素意义的演化和旧语素的组合等不同情况。在考察新名的时候,以语素作为语义单位可以使我们对新名的生成有更清楚的认识。
- 词汇是一个系统,传统语文学的研究主要是对单个词语的考释,我们今天要把词汇作为一个系统考察它的共时状态和历时变化。学习的时候应当注意本章所讲的基本观点,注意对具体例证的分析。

第一节　旧名的继承与消亡

目的要求

1. 了解名称变化的几种情况；
2. 了解旧名的继承和旧名的消亡。

 内容提要

1. 名称变化的几种情况

所谓名称，是相对于一个语音形式表示的事物和观念来说的。《教程》从事物和概念的角度把名称的变化大致分为两类：(1) 事物或观念不存在了，表示它们的名称也随之消亡。(2) 事物或观念还在，但表示它们的名称有变化。对于第(2)种情况，又分为旧的名称的减少、新的名称的增加和名称的替换三种情况。

2. 旧名的继承

旧名的继承是说表示同样事物的名称从古到今没有什么改变。把古代的词汇同现代进行比较，可以看到有相当一部分属于基本词汇的词现在仍然在使用。《教程》所举《诗经》中的词就可以说明这个问题。从意义上看，这些词都是与人们的社会生活密切相关的。从这些例子还可以看出，尽管汉语的双音词越来越多，但大量的双音词都是由原有的语素合成的；如果把语素看作是汉语基本的语义单位，语素数量的增长并不像我们想像的那么迅速。

3. 旧名的消亡

旧名的消亡有两种情况。第一，如果某种事物或概念在一个社会中已经没有了，那么表示这种事物或概念的词也就会在日常交际中随之趋于消失,这就是旧名的消亡。从《教程》举的例子看,这些词记录的是某一时期或某一场合出现的事物,都有鲜明的时代特征。它们是词汇中的一般词汇,平时所说的生僻词语很多都是这类词。第二,词表示的事物和概念还在,但原来表示它们的名称不用了(比如古代把猪分成豵、豣,把山分为崧、岑等)。后来如果要表述这些事物,一般要用词组,这类变化我们也应当注意。

第二节 新名的生成

目的要求

1. 了解新名的两种类型;
2. 了解新名构成的三种情况;
3. 了解新语素的生成和旧语素的演化;
4. 关于词的复音化。

 内容提要

1. 新名的两种类型

从名称与指称对象的关系看,大致有两种情况:第一,指称的对象或概念没有变,用以表示的是一个新的名称(比如段玉裁说的"古曰舟,今曰船")。第二,指称的对象是新出现的,要用一个新的名称去表示它。比如"炮"(本作"礟",用机械抛射石头的一种武器)这种事物就是后来才出现的。比较起来,第一种情况尤其值得注意。就基本词汇的变化而言,很多是指称的对象或概念没有变,而表示它们的词变了。比如过去说惧,后来说怕;过去说坚,后来说硬;过去说食,后来说吃。如此等等。

2. 新名构成的三种情况

词是由语素构成的。从语素的构成看有三种情况。第一,新语素的生成。比如说"脖",《说文》以前的文献也没有见到脖作颈讲的用例,可以看作一个新的语素。第二,旧语素意义的演化。比如说脚,原来指从膝盖到踝骨的部分。后来脚代替了足,对于足这个指称对象来讲,脚就是一个新名。第三,旧有语素的组合。构成复音词的语素很多是原来就有的,就是说从语素来讲是旧的,从词来讲是新的(如"蔬菜、道路"之类)。

3. 新语素的生成

上面讲到新名构成的三种情况,其中第一种是新语素的生成。对新语素的生成我们应该给以充分的注意。传统的训诂学不怎么重视这个问题,现代语言学对待语言要有一个历史的概念,一个新的词不论怎么俗,只要是在社会生活中经常使用的,就应当重视,要研究语素新旧更替的历史。《教程》举"晒"和"跑"为例,说明相对于"暴"(pù)和"走"来说,它们都是新的语素。

古汉语词汇有两大类:一类是文言词语,还有一类是比较接近当时口语(有的学者称为古白话)的词语。后一类随实际语言的变化而经常处于变动之中,新语素的不断生成就直接反映了这种变化。

4. 旧语素意义的演化

一些原有语素的意义变化之后,对于它所表示的事物来说也就成了一个新的名称。比如"把",本义是握持,后来代替了柄。对于器物上便于握持的部分来说把就是一个新的名称。可以看出,一个旧的语素在意义变化之后又成为一个新的名称,从名称来讲是两个,从语素来讲是一个。

从读音上看,一些语素的意义或词性变化之后,其读音也会跟着发生变化。这样一种音变的现象,传统上把前一种读音叫做"本音"或"如字",把后一种变读音叫做"破读"或"读破"。语素是最小的音和义的结合体,既然音和义都发生了变化,很多破读音所表示的语义单位可以看作是一个新的语素。

5. 词的复音化

从结构上看,汉语的复音词大致可以分为三类:1. 叠音词。2. 复合词。一个词由词根语素和词根语素构成。3. 派生词。由词根语素和词缀构成。

我们这里主要讨论复合词。

(1) 上古汉语以单音词为主,后来的双音词实际上很多都是原有语素的组合,我们要注意考察这种变化的轨迹。比如"相信、伤心"在现代汉语中都是双音词,在《教程》所举的例子中,"相信"指互相信任,"伤心"指精神上受到伤害。可以看出后来的双音词在意义和结构上与原来的双音结构有一脉相承的关系。

(2) 复音化原因的分析。分析这个问题要考虑音和义两个方面。从音的方面说,一般认为汉语的语音系统从古到今是大大的简化了。音节不断减少,而表达的内容又在不断地增加,结果是每个音节的负担(每个音节表示的语义单位)越来越重,同音词越来越多,显然不利于人们的交际。从义的方面说,如果同一个音节可以表示几个词或几个义位,就需要根据上下文仔细分辨(比如"国"),这也不利于人们的交际。如果转换成双音词就比较容易判断,因为双音结构中一个音节对另一个音节在意义上起了一个限定的作用。双音词表达的意义就更加丰富、更加明确,而意义丰富明确正是人们交际的基本要求。

(3) 复音词的确认。判断一个语言片断是词组还是一个复音词,虽然还有些问题没有解决,不要求完全掌握,但词的复音化是汉语词汇发展的重大问题,对此我们还是应有一个初步的了解。比较起来,不容易确定的是复合词,因为复合词在形式上与词组(或者说短语)没有明显的区别。《教程》提出,就一个语言片断在一个共时平面上所处的状态而言,结构的稳定性和意义的单一化是确定双音词的两个最基本的标准。并认为结构的稳定性可以从两方面理解,符合这两个条件就可以承认其结构的稳定性。提出这个看法是因为古汉语中的一些复音形式在结构上不够稳定,主要表现为前后两项可以倒置而意义基本不变(如"简易 // 易简");后来两种形式中的一种比较稳定地经常地被使用,前后倒置的情况已经基本消失,就凝固成了一个双音词。结构的不稳定性还表现为有些双音结构是一种临时的组合(比较《教程》举出的"尊敬"和"长敬")。

关于意义的单一化,《教程》认为可以考虑下面三个因素:第一,两个词根语素结合以后,整个词的意义偏指其中一个语素的意义(比如"国家")。第二,两个词根语素结合以后,原有的两个语素意义界限消失,合成一个单一的意义(如"伟大、道德"等)。或者是原有的语素义很具体,结合以后成为一个抽象的意义(如"规矩")。与复音词意义的单一化相对,如果是一个词组,则表现为意义的离散性,就是说整个词组的意义是各个语素意义的加合。第三,有一些双音结构,合起来是一个整体的意义,分开来似乎也有意义(如"衣食、饥寒")。从结构上看,它们的组合形式已经十分稳定;从意义上看,"衣食"指生活的依靠,"饥寒"指生活困顿。这些结构意义单一,应当看作是一个双音词。

第三节 古汉语词汇的系统问题

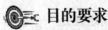 **目的要求**

1. 结合实例,了解词汇是一个系统;
2. 结合实例,初步认识古汉语的词汇系统。

 内容提要

1. 对词汇系统的基本认识

与语音和语法一样,词汇也有一个系统,这是我们的基本观点。不同的语言比较(比如汉语和英语),可以显示出词汇的系统性;同一种语言在不同的时代其词汇系统也有差异。《教程》以表示人体部位的词语为例说明这一问题。比较古代汉语和现代汉语中与肢体有关的词可以看出:(1)与肢体有关的词构成了一个意义范围。(2)同一个意义范围,古今语义的结构格局不一样。古今格局不同,是因为包含的语义单位多少不一样。也就是说每一个语义单位占有的意义区域不一样,这样的语义区域有的学者称为义域。(3)义域之间存在着既互补又对立的关系,就是说一个语义单位义域的大小取决于另一个语义单位义域的大小。比方说"臂"的存在决定了"肱"的语义区域。

2. 对古汉语的词汇系统的初步认识

基于上面的理解,我们可以分以下几个方面考虑古汉语的词汇系统。

(1)在学习语言学理论的时候介绍过语义场的知识。一个语义场由若干语义单位构成,这些语义单位相互联系,又相互制约。比如有关肢体的词就可以看作一个语义场。我们在分析一个时期词汇面貌的时候,不是单个地而应当是"成片"地有联系地进行考察。语义场有两类,一类是着眼于语义单位之间的聚合关系,还有一类着眼于语义单位之间的组合关系。这两类语义场又是互相联系的,组合关系的变化会影响到词的聚合关系。语义场又是有层级的,比如有关肢体的词是一个语义场,有关上肢的词是下一级的一个语义场,两个语义场的层级不同。正确地划分语义场是认识古汉语词汇系统的重要一环,这方面的问题还有待深入研究。(2)一个语义场是由一个或几个语义单位构成的。对于古汉语来说,义位这一级语义单位尤其显得重要。一方面是因为很多词不止一个义位;另一方面,古汉语中一个语素所表示的意义有着特别复杂的关系。(3)语义单位之间的意义关系是一种语言词汇系统最重要的方面。一个语义场中的语义单位处于相互制约的关系,要确定某个语义单位的意义就必须考虑到这个语义场中其他的语义单位的意义。(4)在考虑词义变化的时候,也必须放在一个系统中去考察(《教程》以与"洗"和"书"有关的一些词说明这一问题)。

对古汉语的词汇系统我们认识得还不够,需要作深入研究。《教程》的介绍是初步的,要求学习者能够理解所举的例子,了解《教程》对词汇系统的基本看法。

练习与思考

1. 旧有的事物或观念不存在了,表示它们的名称也随之消亡,举例说明。
2. 旧有的事物或观念没有变,表示它们的是一个新的名称,举例说明。
3. 新名的生成大致有几种情况?举例说明。
4. 举例说明新语素的生成。
5. 旧语素意义演化可以生成新的名称,举例说明。
6. 举例说明什么是破读?
7. "臂"有时指胳膊的下部,有时指整个上肢,这说明了什么问题?
8. 举例说说你对古汉语词汇系统的理解。
9. 古代汉语中关于洗的词很多,现在一般只用洗这一个词,这说明了什么?
10. "书"在古代有几个主要意思?这几个意思在现代汉语中是用哪些词表示的?这种变化说明了什么?
11. 举例说明古汉语词汇系统的变化。

阅读书目

王力:《汉语词汇史》,《王力文集》11卷,山东教育出版社,1990年。
王力:《同源字论》,《王力文集》8卷,山东教育出版社,1990年。
王力:《汉语滋生词的语法分析》(同上)。
王力:《训诂学上的一些问题》,《王力文集》19卷,山东教育出版社,1990年。
吕叔湘:《汉语语法分析问题》第二节"单位",商务印书馆,1979年。
张永言:《词汇学简论》,华中工学院出版社,1982年。
蒋绍愚:《古汉语词汇纲要》,北京大学出版社,1989年。
赵克勤:《古汉语词汇学》,商务印书馆,1994年。
石安石:《语义论》,商务印书馆,1993年。
高守纲:《古代汉语词义通论》,语文出版社,1994年。
张联荣:《古汉语词义论》,北京大学出版社,2000年。

第三部分 语　　法

第十二章 古代汉语的基本词类

★ **学习内容提要**

本章主要讲授了古代汉语的基本词类系统。

★ **教学目的要求**

- 了解古代汉语的基本词类系统,了解古代汉语词类与现代汉语词类的不同特点;了解在研究的基本方法上,二者也不完全相同。
- 掌握词类活用以及判断词类活用的标准;了解古代汉语代词的系统;掌握常用的介词与连词的用法;掌握助词"者、所、之、其"的语法功能;了解古代汉语谓词性成分的指称化(含自指和转指)和名词化;了解古汉语语气词的系统;语气词语气表达的单一性。

★ **教学建议**

同学们在专科阶段也曾经接触过古代汉语的基本词类,比如代词、介词、副词、连词,词类活用其实也是词类的问题,主要讲的是名词、动词、形容词的用法。但是,不够系统、全面,主要学习的是古今不同的语法现象。本科阶段的学习,要注意把握文言语法的系统性,比如代词,首先要了解整个代词系统,即代词的分类,每类都包括哪些词,这些词的语法意义和语法功能。

在此基础上再重点掌握常用代词的用法。

阅读教材时,同学们会感到很多提法和过去不一样,这是因为教材的语法体系和我们学过的不一样,建议大家参看朱德熙先生的《语法问答》、《语法讲义》、《自指和转指》(出版社等见教材《参考文献》)。这里我们对朱先生的观点做一些简单的介绍:

与印欧语比较,汉语语法的特点主要有两条:一是汉语词类跟句法成分(就是通常说的句子成分)不存在简单的一一对应关系;二是汉语句子的构造原则跟词组的构造原则基本上是一致的。

先说第一条。在印欧语里,词类跟句法成分之间存在简单的一一对应关系,比如动词跟谓语对应、名词跟主宾语对应、形容词跟定语对应等。而汉语的词类跟句法成分之间的关系是错综复杂的,比如动词和形容词除了做谓语,还可以做主宾语。印欧语的动词和形容词做主宾语时,词的形态必须发生变化,而汉语没有任何变化,都是一个样子。传统汉语语法著作认为主宾语位置上的动词、形容词已经名词化了。这是不符合汉语实际的,汉语的动词、形容词做主宾语时,还是动词、形容词,并没有改变性质。

再看第二条。印欧语里句子的构造跟词组的构造不同。句子和子句是一套构造原则,词组是另一套构造原则。而汉语的句子的构造原则跟词组的构造原则是一样的。

进行语法分析,一定要分清结构、语义和表达三个不同的平面。具体说,主语、宾语等属于结构平面,施事、受事、与事、工具等属于语义平面,话题、陈述等属于表达平面。

语法体系在很大程度上指的是语法事实和语法规律的表述系统。说得通俗一点,就是讲语法的间架。旧的语法体系有三个组成部分,一是它的词类观,就是根据句子成分定词类的观点;二是中心词分析;三是以句子为基点进行句法分析的观点。由于汉语的句子构造原则跟词组的构造原则基本一致,所以有可能在词组的基础上来描写句法,建立一种以词组为基点的新的语法体系。在印欧语里,词、词组、子句、句子之间的关系是组成关系;在以词组为基点的语法体系里,只有词和词组之间是组成关系,词组和句子之间则是一种实现关系。

教材中的一些名词术语也比较生疏,介绍如下:

语法意义:语言结构中语法成分和结构关系所具有所表示的意义。比如"吾之书"中"之"所具有的表示领属关系的意义,就是"之"的语法意义。

体词和谓词:实词包括体词和谓词两大类。体词的主要语法功能是做主语、宾语,一般不做谓语,体词主要包括名词、体词性代词;谓词的主要语法功能是做谓语,同时也能做主语和宾语,谓词主要包括动词、形容词和谓词性代词。

语法功能:指的是词和词之间的结合能力,比如形容词可以放在名词前头做修饰语,可以放在名词后面做谓语等。准确地说一个词的语法功能指它所能占据的语法位置的总和。现代语言学的术语叫做语法分布。也可以说成语法性质。

句法结构:词和词按照一定的方式组合成的格式。也叫词组、短语。

与事:指施事、受事以外的相关对象。

由于教材没有文选,思考练习和作业中的分析阅读题均选自专科的《古代汉语》。

★ 重要名词概念

使动动词　意动动词　无定代词　复指代词　时间副词
范围副词　程度副词　情态副词　语气副词　表敬副词　助词

★ 学习重点提示

第一节 名 词

一、名词的语法功能

古今汉语名词的语法功能基本一致,经常用作主谓结构中的主语、述宾结构中的宾语、偏正结构中的定语或中心语,值得注意的是,古代汉语的名词有三项基本的语法功能是现代汉语名词不具备的:一是作判断句的谓语、二是作状语、三是作补语——这应该是我们学习的重点。

1. 名词用作判断句的谓语。这部分内容将在判断句一节中详细介绍。

2. 名词用作状语。在现代汉语里,只有时间名词才用作状语,普通名词一般是不用作状语的。但是,在古代汉语中,不仅时间名词可以作状语,普通名词也常常用作状语。这是古代汉语名词的一个基本的语法功能。名词作状语主要有下面几种类型。

(1) 表示时间。时间名词作状语,这是古今一致的。

(2) 表示处所或方位。方位名词、地点名词用作状语,表示动作、行为的方位或处所。比如"郊迎"(到郊外去迎)、"东败……"(在东边败给……)。

(3) 表示比喻。这种用法有比较浓厚的修辞色彩,它是用那个作状语的名词的某些特征作比喻来修饰动词。比如"蛇行",是描写苏秦挂了六国的相印以后,荣归故里,他嫂子吓得像蛇一样在地上爬行,因为她以前对苏秦态度恶劣。"蛇"是名词作状语,用来比喻苏秦嫂子爬行的状态。这种结构与主谓结构在形式上相同,都是"名词+动词",比如"犬坐",就有不少同学理解为"一只狗坐在前面",其实,它的意思是"其中的一只狼像狗一样坐在屠夫的前面"。所以,要根据上下文仔细推敲,才能作出正确的判断。

（4）表示对人的态度。表示对人态度的名词状语都可以译为"像对待……一样"，这一类与上一类有相似之处，都具有比喻作用，它们的区别是，"表示比喻"是说明主语像什么，而"表示对人的态度"是说明宾语像什么。

（5）表示动作行为的依据或工具。比如"法"表示"斩"的依据。"箕畚"表示"运"所使用的工具。

3. 名词用作补语。这部分内容将在述补结构一节中详细介绍。

二、名词的活用

在现代汉语中，名词有时也活用作动词，但远远不如古代汉语普遍，所以，要把这个问题特别提出来谈。古代汉语里的名词活用作动词，可以分为：一般动词、使动动词、意动动词三种情况。活用作一般动词比较常见，活用作使动动词和意动动词的情况比较少。

1. 名词活用作一般动词。

2. 名词活用作使动动词。使动动词是动词表示主语使宾语发出某种动作行为，或使宾语成为某类人或事物，或使宾语具备某种性质。名词活用为使动动词，表示使宾语所代表的人或事物转变成为这个名词所代表的人或事物，或者使宾语发生与这个名词意义相关的动作行为。

3. 名词活用作意动动词。意动动词是动词表示主语认为宾语具有某种性质，或者认为宾语属于某类人或事物。名词活用作意动动词，是把它后面的宾语所代表的人或事物看作这个用作意动的名词所代表的人或事物。

4. 判断名词活用作动词的标准。

（1）两个名词相连，如果二者不是联合结构也不是偏正结构，那么其中的一个名词就可能活用为动词。活用后的组合有两种情况：一是组成述宾结构；一是组成主谓结构。

（2）名词出现在代词前面，活用作动词。代词一般不受别的词修饰，所以，当名词用在代词前，往往就活用为动词了。这种情况一般是使动和意动。

（3）名词出现在助词"所"后面，活用作动词。助词"所"经常与动词组成"所"字结构，表示行为的对象，因此，"所"字后面的名词，也就活用作动词了。这是从词与词的组合关系上来辨别词类活用。

（4）名词出现在助动词"能""可""敢""欲"等后面，活用为动词。因为助动词一般只修饰动词，所以，它后面的受它修饰的名词也就活用为动词了。

（5）名词出现在副词后面，活用作动词。因为名词一般是不受副词修饰的，副词只修饰动词和形容词，所以，副词后面的名词一般就活用为动词了。当然，判断句中的名词谓语除外。

（6）名词后面带有介宾结构，这个名词活用为动词。因为名词是不能带补语的。

（7）名词出现在连词"而"前后，一般活用为动词。因为"而"一般只连接谓词性成分，不连接名词性成分，所以，名词用"而"连接时，就活用为动词。

第二节 代 词

古代汉语的代词和现代汉语有相同的方面，就是都有人称代词、指示代词、疑问代词这三类。但是古今代词的不同点更加突出，主要表现在三个方面。第一是古今指示代词体系不同，特别是古代汉语里有两类比较特殊的代词：无定代词"或""莫"和复指代词"者"，这是现代汉语所没有的。第二是古代汉语所使用的代词大部分与现代汉语不同。第三是古代汉语的人称代词体系还不完备，先秦汉语中还没有真正的第三人称代词。

一、人称代词

1. 第一人称代词。主要有"吾""我""予(余)",这三个代词只有"我"现代汉语还在用,所以,阅读古书时要注意。

2. 第二人称代词。主要有"女(汝)""尔""若""而""乃",这五个代词现代汉语都不用了,阅读古书时更应该注意分辨。

3. 第三人称代词在先秦汉语里是没有的,古人可能根本没有第三人称代词的概念。第三人称代词的职务是由指示代词"之"和"其"来承担的。"之"只能作宾语。"其"只能作定语。

4. 古代汉语里人称代词的出现频率比现代汉语低得多。原因有两个:一是由于古代汉语省略主语的现象很普遍;二是由于古代习惯对自己用谦称,对听话人用尊称。

5. 古代汉语没有数的语法范畴,人称代词在形式上没有单数复数的区别。

二、指示代词

1. 近指和远指。"此""是""斯"表示近指,相当于现代汉语的"这"。"彼"和"夫"表示远指,相当于现代汉语的"那"。

2. 特指和泛指。"其"表示特指,总是作定语。"之"表示泛指,可以作定语和宾语。

3. 旁指代词。表示"别的""其他的"等意义,主要有"佗"和"他"。

4. 无定代词,有"或"和"莫"。这是古代汉语特有的一类指示代词,没有确定的指代对象,"或"是肯定的,意为"有的""有人""某人";"莫"是否定的,意为"没有什么""没有人"。无定代词只能作主语。

5. 复指代词"者"。复指代词"者"都位于名词或名词性成分后,用以重复指称前面的名词性成分,起强调作用。

6. 谓词性代词。"尔""若""然",意思是"如此""像这(那)样"。由于它们的词义相当于一个述宾结构,所以叫做谓词性代词。

"焉"和"诸","焉"的意思是"于此","诸"的意思是"之于",词义中都包括一个介词,介词是谓词性的,故"焉"和"诸"也可以归入谓词性代词。

三、疑问代词

1. 指人的疑问代词。有"谁"和"孰"。"谁"现代汉语还在用,"孰"相当于现代汉语的"哪一个"。

2. 指事物的疑问代词。主要有"何""胡""曷""奚",相当于现代汉语的"什么"。

3. 指处所的疑问代词。主要有"安""恶""焉",相当"在哪里"。

第三节 形容词

一、性质形容词。性质形容词的基本语法功能是:可以作定语和谓语,可以受程度副词修饰,可以带补语。

1. 性质形容词活用作名词。性质形容词活用作名词有较强的修辞作用,形容词从表示某种事物的性质转而表示具有某种性质的具体事物。

2. 性质形容词活用作动词。

(1) 活用为一般动词。

(2) 活用为使动动词。

(3) 活用为意动动词。

要注意区别使动和意动,意动是认为宾语怎么样,突出主观看法,客观实际并不一定是那样;使动是使宾语怎么样,客观情况确实发生了改变。

3. 判断性质形容词活用作动词的标准。

(1) 形容词后带有宾语。形容词是不能带宾语的,如果形容词后面有宾语说明它活用作动词了。

(2) 形容词出现在代词前。代词是不受别的词修饰的,形容词在代词前,只能构成述宾结构,由此可以判断出这个形容词活用作动词了。

(3) 形容词出现在助词"所"之后。助词"所"经常与动词组成"所"字结构,表示行为的对象,因此,"所"字后面的形容词,也就活用作动词了。

(4) 形容词出现在助动词"能""可""足"等后面,活用为动词。因为助动词一般只修饰动词,所以,可以判断出它后面的受它修饰的形容词也就活用为动词了。

二、状态形容词。状态形容词用于静态的描写,相当于"……的样子"。状态形容词都是双音节或多音节的。状态形容词的语法功能不同于性质形容词,状态形容词不能活用为动词,一般不受程度副词修饰,也不带补语。

1. 联绵字形容词,例如:须臾、仿佛。
2. 重言形容词,例如:昭昭、翩翩。
3. 带词尾的形容词,例如:冲然、沃若、率尔。

第四节 数 词

数词的用法古今有较大的差别,现代汉语的数词属于体词范围,古代汉语的数词经常作谓语,因而属于谓词性词类。

一、数词的形式。古今的差别主要有:
1. 基数词在整数和零数之间一般要加"有"字。
2. 分数要在分母和分子之间加上"分"字和"之"字,并在"分""之"之间加入一个同分母有关的名词。

3. 序数词在先秦与基数词相同,汉代以后,有了不同于基数词的形式,即在数字前加"第"。

二、数词的语法功能。古代汉语数词的语法功能接近形容词,经常作谓语、定语、状语。

第五节 动　词

一、使动动词。使动动词是及物动词的一个小类,它的语义特征是表达使宾语发出某种动作、行为,使宾语具备某种性质,或使宾语成为某种人或事物。

二、意动动词。意动动词也是及物动词的小类,它的语义特征是认为宾语具有某种性质或认为宾语是某类人或事物。意动动词都是由名词或形容词活用而成的动词,动词本身没有意动用法。

第六节 副　词

副词是只能作状语的一类词。古今汉语的副词系统相似,分类基本相同,只是多了一类表敬副词。学习副词,首先要把握住大的框架,了解每一类副词中各小类的情况,然后,再重点掌握其中古今词义差别比较大的词。

一、否定副词。主要有"不""弗""毋(无)""勿""未""非""微"。

1. 表示一般性否定用"不"和"弗"。

2. 表示禁止性否定用"毋(无)"和"勿",意思是"不要"。

3. 表示对尚未施行的某种动作行为,或对过去某种状况的否定,用否定副词"未",意思是"没有""还没有"。

4. 否定名词性成分,用否定副词"非"和"微"。"非"常用于否定名词性谓语。"微"一般不用于否定名词性谓语,用法与"非+名词+不+动词性成分"格式里的"非"相似,表示如果没有某种事物,就不会有某种动作或行为发生。

否定副词中,请同学们特别注意"微"的用法,与现代汉语差别很大,相当于"如果没有……"的意思。

二、时间副词。对谓词性成分进行时间修饰的副词是时间副词。

1. 表示过去时间的副词,主要有"向""已""既""业""尝""曾"。

2. 表示现在时间的副词,主要有"方""正""适"。

3. 表示将来时间的副词,主要有"且""将""行"。

4. 表示动作行为始发时间的副词,主要有"初"。

5. 表示动作行为间隔时间的副词,主要有"遂""乃""辄""寻""旋"。

6. 表示最终时间的副词,主要有"终""卒"。

时间副词中,请同学们注意"且"、"卒"这两个词的意义。

三、范围副词。对谓词性成分进行范围修饰的副词是范围副词。

1. 表示总括的副词,主要有"皆""尽""毕""举""悉""俱(具)""咸""凡""率"。这些副词的意思相当于现代汉语里的"都""全""总共""一律"等。

2. 表示特定范围的副词,主要有"但(亶)""特""直""仅""徒""止""独"。意思相当于现代汉语的"只""仅仅""单单"等。

范围副词中,请大家注意"但"、"特"、"直"这三个词的意义。

四、程度副词。程度副词多修饰形容词和一些表示心理活动的动词,表示某种性质、状态或动作的程度。

1. 表示最高程度的副词,主要有"最""绝""至""极"。

2. 表示较高程度的副词,主要有"太""特""殊""尤""良""甚""大"。

3. 表示较低程度的副词,主要有"略""少""稍""微""颇"。

4. 表示程度加深的副词,主要有"弥""加""益""愈""兹(滋)"。

程度副词中,请同学们注意"少"和"颇"的用法。

五、情态副词。情态副词是指从方式、速度或某一时段内的频率等方面修饰动作行为的副词。

1. 表示动作行为方式的副词。

(1) 表示"共同""一同"的副词有"俱""共""并"。

(2) 表示"秘密地""暗地""悄悄地""私下里"的副词,有"间""微""窃"。

(3) 表示"只管""尽管"的副词有"弟(第)"。

(4) 表示双方互动的副词有"相"。有时"相"不表示互相,而是只有一方施行动作或行为,"相"有指代动作行为对象的作用。

2. 表示动作行为速度的副词。

(1) 表示速度较慢,强调渐进过程的副词有"稍""渐"。

(2) 表示速度很快,强调动作行为突发,表示"马上""立刻""一下子"等意思的副词有"遽""卒(猝)""暂""立""即"。

3. 表示某一时间内动作行为频率的副词。

(1) 表示某一动作行为的重复,用"复"。

(2) 表示多次进行某一动作行为的副词有"数""累""亟""娄(屡)""仍"。

情态副词中,请大家注意"弟"、"相"、"稍"。

六、语气副词。多用于修饰名词性谓语和动词性谓语,表达各种语气。

1. 表示确认语气的副词,主要有"乃""即""果""必""定""诚""信""固"。

2. 表示测度、商榷语气的副词,主要有"其""殆""盖"。意思是"大概""也许""恐怕"。

3. 表示惊异语气的副词有"竟""曾",意思是"竟然""居然""竟"。

4. 表示命令语气的副词有"其",意思是"还是""一定",表达一种比较委婉的命令语气,在命令中带有劝诫意味。

5. 表示反问语气的副词,主要有"岂""其""庸""巨(讵)""宁"。意思是"难道""怎么"。

语气副词中,请同学们注意"固"、"其"、"殆"、"盖"、"曾"。

七、表敬副词。表敬副词是古代汉语特有的一类副词,一般都是从动词虚化来的。

1. 表示尊人的词主要有"请""敬""谨""幸""惠""辱""垂""蒙"。

2. 表示自谦的词主要有"敢""窃""忝""伏"。

第七节 介 词

介词多是由及物动词虚化而成的一类词,它仍然带有及物动词的特点,即要带宾语。古今汉语介词的系统性基本上一致,但是某些介词的用法和介宾结构所处的语法位置古今是有差异的。这一节要求重点掌握几个古代汉语常用的介词。

一、介词"于(於)"

1. 引介处所。
2. 引介时间。
3. 引介与事对象。与事指施事、受事以外的相关对象。
4. 引介主动者。

5. 引介比较对象。

二、介词"以"

1. 引介凭借。
2. 引介时间。
3. 引介原因。

三、介词"为"

1. 引介涉及对象。
2. 引介目的。
3. 引介原因。
4. 引介主动者。
5. 引介假设条件。

四、介词"虽"引介条件

第八节 连 词

  这一节主要掌握介词同连词的区别,以及几个古代汉语中常用的连词。
  一、连词"与"。"与"主要连接名词性成分,连接的两项是并列关系。
  二、连词"且"。"且"只能连接谓词性成分,连接的两项之间是并列关系。
  三、连词"而"。"而"是连接谓词性成分的连词。
1. 表示平列关系。
2. 表示修饰关系。

四、连词"以"。"以"是连接谓词性成分的连词,"以"的作用相当于"而",连接的两项可以是平列关系,也可以是修饰关系。

五、连词"则"。"则"也是连接谓词性成分的连词,"则"前后的两项一般是承接关系或转折关系。

六、连词"之"。"之"是一个很特殊的连词,只能连接定语和中心语。

第九节 助 词

助词是古代汉语中高度抽象化、高度语法化的一个词类,它的语法功能是:与谓词性成分一起组成助词结构,表示谓词性成分指称化了。

古代汉语的助词有"者""所""之""其",用法详见助词结构节。

注意区分:

助词"者"和代词"者"。

助词"之"和连词"之"。

助词"其"和代词"其"。

第十节 语 气 词

从位置的角度可以把古代汉语的语气词分成句首、句中、句末三类。句首、句中语气词,现代汉语已经没有了,现代汉语只有句末语气词,但是,所用的一套语气词与古代汉语完全不同。

一、句末语气词

1."也",表示静态的判断或确认。

2. "矣",表示对动态变化的报道。

3. "焉",表示提示性的陈述语气。

4. "乎""与(欤)""邪(耶)",表示疑问语气。"乎"的使用频率最高,表达的疑问语气比"与""邪"强烈。

5. "哉",表达强烈的感叹语气。

二、句首语气词

1. "夫",用于提起话题,引发议论。

2. "唯(惟、维)",表示希望的语气。有时也表示提起话题,发表议论。

三、句中语气词

主要有"也",表示停顿,起舒缓语气引起下文的作用。

练习与思考

一、填空题

1. 古代汉语的名词有三项基本的语法功能是现代汉语名词不具备的:一是_____、二是_____、三是_____。

2. 第一人称代词。主要有_____。

3. 第二人称代词。主要有_____。

4. 古代汉语里人称代词的出现频率比现代汉语低得多。原因有两个:一是由于_____;二是_____。

5. 古代汉语没有_____语法范畴,人称代词在形式上没有_____的区别。

6. 数词的用法古今有较大的差别,现代汉语的数词属于_____,古代汉语的数词经常作谓语,因而属于_____词类。

7. 意动动词都是由_____活用而成的动词,_____没有意动用法。

8. 连词"与"主要连接_____成分,连接的两项是_____关系。

9. 连词"且"只能连接_____成分,连接的两项之间是_____关系。

10. 连词"而"是连接_____成分的连词。表示_____关系或_____关系。

11. 连词"以"是连接_____成分的连词,连接的两项是_____关系或_____关系。

12. 连词"则"。"则"也是连接谓词性成分的连词,"则"前后的两项一般是承接关系或转折关系。

13. "之"是一个很特殊的连词,只能连接_____。

14. 从位置的角度可以把古代汉语的语气词分成_____三类。

15. 句末语气词"也",表示_____。
16. 句末语气词"矣",表示_____。
17. 句末语气词"焉",表示_____。
18. 句末语气词"乎""与(欤)""邪(耶)",表示_____。
19. 句末语气词"哉",表达_____。
20. 句首语气词"夫",用于_____,_____。
21. 句首语气词"唯(惟、维)",表示_____。有时也表示_____,_____。
22. 句中语气词"也",表示_____,起_____的作用。

二、问答题

1. 名词作状语主要有几种类型?各举一例说明。

2. 名词活用作动词可以分为几种情况？各举一例说明。
4. 判断名词活用作动词的标准主要有哪些？各举一例说明。
5. 古今代词的不同用法主要表现在哪些方面？
6. 指示代词分为几类？主要包括哪些词？
7. 疑问代词分为几类？主要包括哪些词？
8. 性质形容词活用作动词有几种情况？各举一例说明。
9. 判断性质形容词活用作动词的标准有哪些？各举一例说明。
10. 举例说明状态形容词的类别。
11. 古今汉语数词形式的差别主要有哪些？
12. 否定副词分为几类？主要包括哪些词？
13. 时间副词分为几类？主要包括哪些词？
14. 范围副词分为几类？主要包括哪些词？
15. 程度副词分为几类？主要包括哪些词？
16. 情态副词分为几类？主要包括哪些词？
17. 语气副词分为几类？主要包括哪些词？
18. 表敬副词分为几类？主要包括哪些词？
19. 举例说明介词"于(於)"的主要用法。
20. 举例说明介词"以"的主要用法。
21. 举例说明介词"为"的主要用法。

三、分析题

1. 根据判断词类活用的标准，分析下面句子中的词类活用现象，说明原属何词类，在句中是如何活用的(例句都摘自专科《古代汉语》教材，下同)。

(1) 子反为人嗜酒，甘之，不能绝之于口。
(2) 庄公寤生，惊姜氏。
(3) 今京不度，非制也。
(4) 若弗与，则请除之，无生民心。

(5) 若阙地及泉,隧而相见,其谁曰不然?
(6) 晋军函陵,秦军汜南。
(7) 越国以鄙远,君知其难也。
(8) 既东封郑,又欲肆其西封。
(9) 晋灵公不君。
(10) 晋侯饮赵盾酒。
(11) 既而与为公介,倒戟以御公徒而免之。
(12) 从左右,皆肘之,使立于后。
(13) 人不难以死免其君,我戮之不祥。
(14) 左右以君贱之也,食以草具。
(15) 孟尝君怪其疾也,衣冠而见之。
(16) 孟尝君客我。
(17) 今有区区之薛,不拊爱子其民。
(18) 今君有一窟,未得高枕而卧也。
(19) 于是梁王虚上位,以故相为上将军。
(20) 故远人不服,则修文德以来之。
(21) 杀鸡为黍而食之,见其二子焉。
(22) 是以君子远庖厨也。
(23) 诗云:"刑于寡妻,至于兄弟,以御于家邦。"
(24) 抑王兴甲兵,危士臣,构怨于诸侯。
(25) 欲辟土地,朝秦楚。
(26) 及陷于罪,然后从而刑之,是网民也。
(27) 强本而节用,则天不能贫。
(28) 养备而动时,则天不能病。
(29) 怪之可也,而畏之非也。
(30) 夫日月之有蚀,风雨之不时。
(31) 隆礼尊贤而王,重法爱民而霸。
(32) 大天而思之。

(33) 思物而物之。
(34) 赵军固壁不战。
(35) 王以名使括,若胶柱而鼓瑟耳。
(36) 赵王不听,遂将之。
(37) 若必将之,破赵军者必括也。
(38) 所友者以百数。
(39) 数十万之众遂降秦,秦悉坑之。
(40) 信数与萧何语。何奇之。
(41) 何闻信亡,不及以闻,自追之。
(42) 项王虽霸天下而臣诸侯,不居关中而都彭城。
(43) 怀敌附远,何招而不至?
(44) 可以为富安天下,而直为此廪廪也。
(45) 即自取水洗去血,裂裳衣疮。
(46) 追而送之江之浒,饮食之。

2. 指出下面句子中的名词作状语的现象,并说明其属于哪种类型。

(1) 良马可形容筋骨相也。
(2) 国人莫敢言,道路以目。
(3) 不拊爱子其民,因而贾利之。
(4) 鹏之徙于南冥也,水击三千里。
(5) 适百里者,宿舂粮。
(6) 大天而思之,孰与物畜而制之。
(7) 诸将行道亡者数十人。
(8) 失时不雨,民且狼顾。
(9) 虽少年,已自成人,能取进士第。
(10) 其经承子厚口讲指画为文词者,悉有法度可观。
(11) 裂裳衣疮,手注善药。
(12) 贼弩射之。

3. 指出下面句子中的"之"属于哪类词,并说明它的语法意义或语法功能。

(1) 阙秦以利晋,唯君图之。

(2) 谏而不入,则莫之继也。

(3) 会请先,不入,则子继之。

(4) 爱共叔段,欲立之。

(5) 及庄公即位,为之请制。

(6) 之二虫又何知?

(7) 此所谓妇人之仁也。

(8) 臣之壮也,犹不如人,今老矣,无能为也已。

(9) 道之不行,已知之矣。

(10) 百姓皆以王为爱也,臣固知王之不忍也。

(11) 不虞君之涉吾地也。

4. 指出下面句子中的"其"属于哪类词,并说明它的语法意义或语法功能。

(1) 以乱易整,不武。吾其还也。

(2) 人不难以死免其君。

(3) 越国以鄙远,君知其难也。

(4) 我非爱其财而易之以羊也。

(5) 晋侯、秦伯围郑,以其无礼于晋,且贰于楚也。

(6) 昭王之不复,君其问诸水滨。

(7) "我之怀矣,自诒伊戚",其我之谓矣!

(8) 若阙地及泉,隧而相见,其谁曰不然。

5. 指出下面句子中的"者"属于哪类词,并说明它的语法意义或语法功能。

(1) 使天下仕者皆欲立于王之朝。

(2) 愚者暗于成事,知者见于未萌。

(3) 臣不敢亡也,臣追亡者。

(4) 不为者与不能者之形何以异。
(5) 生之者甚少,而靡之者甚多,天下财产,何得不蹶。
(6) 甲者出,太尉笑且入。

6. 指出下面句子中的"且"属于哪类词,并说明它的语法意义或语法功能。

(1) 今尚书恣卒为暴,暴且乱,乱天子边,欲谁归罪?罪且及副元帅。
(2) 绝云气,负青天,然后图南,且适南冥也。
(3) 彼且奚适也?
(4) 失时不雨,民且狼顾。
(5) 泾州野如赭,人且饥死。
(6) 观察使下其法于他州,比一岁,免而归者且千人。
(7) 盾曰:"弃人用犬,虽猛何为?"斗且出。
(8) 居一二日,何来谒上,上且怒且喜。

7. 指出下面句子中的"于"属于哪类词,并说明它的语法意义或语法功能。

(1) 癸酉,师陈于鞌。
(2) 夫子言之,于我心有戚戚焉。
(3) 材不为世用,道不行于时也。
(4) 亟请于武公,公弗许。
(5) 齐放其大臣孟尝君于诸侯。
(6) 在天者莫明于日月,在地者莫明于水火。
(7) 郤克伤于矢,流血及屦。
(8) 则固胜于人而可取于人矣。
(9) 防民之口,甚于防川。
(10) 京叛大叔段,段入于鄢。

8. 指出下面句子中的"以"属于哪类词,并说明它的语法意义或语法功能。

(1) 皇考讳镇,以事母弃太常博士。
(2) 子厚以元和十四年十一月八日卒。
(3) 吾以至道乙未岁,自翰林出滁上。
(4) 老吾老,以及人之老。
(5) 王以名使括,若胶柱而鼓瑟耳。
(6) 君若以德绥诸侯,谁敢不服。
(7) 汾阳王以副元帅居蒲。
(8) 齐侯以诸侯之师侵蔡。
(9) 以义兵从思东归之士,何所不散。
(10) 其后以不能媚权贵失御史。
(11) 若之何其以病败君之大事也。
(12) 晋侯、秦伯围郑,以其无礼于晋,且贰于楚也。
(13) 命子封帅车二百乘以伐京。
(14) 晋灵公不君,厚敛以雕墙。

9. 指出下面句子中的"为"属于哪类词,并说明它的语法意义或语法功能。
(1) 窃为陛下惜之。
(2) 虽然,不可不为生言之。
(3) 因其土俗,为设教禁。
(4) 天行有常,不为尧存,不为桀亡。
(5) 吾为公以为将。
(6) 舍则传诸其徒,垂诸文而为后世法。

10. 说明下列句中带点词的意义。
(1) 微夫人之力不及此。(《左传·僖公三十年》)
(2) 微斯人,吾谁与归?(范仲淹《岳阳楼记》)
(3) 若属皆且为所虏。(《史记·项羽本纪》)
(4) (义帝)卒不许项羽,而遣沛公西略地。(《史记·高祖本纪》)

(5) 匈奴匿其壮士肥牛马,但见其老弱及羸畜。(《史记·刘敬传》)

(6) 相如度秦王特以诈佯为予赵城,实不可得。(《史记·廉颇蔺相如列传》)

(7) 寡人非能好先王之乐也,直好世俗之乐耳。(《孟子·梁惠王下》)

(8) 今予病少痊,予又且复游于六合之外。(《庄子·徐无鬼》)

(9) 涉浅水者见虾,其颇深者察鱼鳖,其尤深者观蛟龙。(《论衡·别通》)

(10) 君弟重射,臣能令君胜。(《史记·孙子吴起列传》)

(11) 儿童相见不相识,笑问客从何处来。(贺知章《回乡偶书》)

(12) 其后,秦稍蚕食魏。(《史记·魏公子列传》)

(13) 人固有一死,或重于泰山,或轻于鸿毛。(司马迁《报任安书》)

(14) 王送知䓨曰:"子其怨我乎!"(《左传·成公三年》)

(15) 古人所以重施刑于大夫者,殆为此也。(司马迁《报任安书》)

(16) 列御寇盖有道之士也。(《庄子·让王》)

(17) 吾以子为异之问,曾由与求之问。(《论语·先进》)

第十三章 古代汉语的基本句法结构

★ **学习内容提要**

本章主要讲授了古代汉语的七种基本句法结构。

★ **教学目的要求**

- 掌握古代汉语的七种基本句法结构,理解这些基本句法结构不同于现代汉语的特点。了解古代汉语的两种基本结构关系(核心结构关系和非核心结构关系)。
- 重点掌握主谓结构中的省略主语和暗换主语;述补结构中介宾结构、名词性成分作补语;述宾结构中宾语前置结构的基本类型;助词结构中"者"字结构、"所"字结构、"之"字结构、"其"字结构的语法功能;助词"者"和代词"者"的差异;助词"其"和代词"其"的差异;助词"之"和连词"之"的差异。

★ **重要名词概念**

联合结构　偏正结构　主谓结构　述补结构　述宾结构
连谓结构　助词结构

★ **学习重点提示**

第一节 联合结构

联合结构是由两个或两个以上的并列成分组成的,几个成分之间的关系是等立的,即地位平等,不分主次。几项之间可以直接连在一起,也可以用连词连接。联合结构主要有两种:

一、名词性联合结构。直接成分都是名词或名词性成分,连词多用"与"和"及"。

二、谓词性联合结构。直接成分都是谓词或谓词性成分,连词多用"而"及"且""以"。

第二节 偏正结构

古今汉语的偏正结构基本相同,格式都是"修饰语+中心语",两部分是修饰与被修饰的关系,修饰语对中心语起修饰限制作用。偏正结构主要有两种:

一、"定语+中心语"。中心语主要由名词或名词性成分充当,定语多是名词、代词、形容词或数词,定语和中心语之间多用连词"之"连接。

二、"状语+中心语"。中心语一般是谓词性成分,作状语的成分请同学们特别注意数词和名词,因为这是古代汉语特有的。状语和中心语多直接组合,少用连接词,也可以用连词"而"。

第三节　主谓结构

主谓结构由主语和谓语两部分组成。主语是说话人要陈述的对象,谓语是对主语的陈述,两部分是陈述与被陈述的关系。古今汉语主谓结构的不同点主要有:

一、谓语可以置于主语之前

在古代汉语里,为了突出和强调谓语,有时可以把谓语放到主语前面,谓语前置是有条件的,只有疑问句和感叹句的谓语可以前置。

二、省略主语和暗换主语

1. 承前句主语省略。这种现象在现代汉语里也很普遍,不会产生理解上的困难。但是,古代汉语主语的省略不仅仅是承前句主语省略,情况比较复杂。比如,可以省略前句的宾语、前句的介词宾语、前句的定语等等,希望同学们结合例句仔细体会。

2. 主语的蒙后省略。可以省略后句的主语,也可以省略后句的定语。

3. 并列或相承的主谓结构经常暗中更换主语。现代汉语不能暗换主语,请大家在阅读时注意。

三、名词性成分作谓语

第四节　述补结构

述补结构由述语、补语两部分组成,前一部分是述语,后一部分是补语,两部分是补充与被补充的关系。述语主要由谓词性成分充当。充任补语的成分古今差别较大:现代汉语主要由谓词性成分作补语;而古代汉语主要是由介宾结构和名词性成分充任。

一、介宾结构作补语

作补语的介宾结构可以表示动作行为的与事对象、工具、时间、处所等,值得注意的是,这样的介宾结构,在现代汉语里一般都在次序上发生了变化,多位于中心语前作状语了。希望同学们结合例句仔细体会。

二、名词性成分作补语

名词性成分作补语也可以表达动作行为进行的处所,比较对象、工具或凭借、施事者等。名词性成分作补语是古代汉语特有的语法现象,现代汉语动词后面的名词都看作是宾语,而古代汉语情况要复杂得多,有时是宾语;有时是补语。请大家注意分辨。

第五节 述宾结构

古今汉语述宾结构的基本语序都是述语在前宾语在后,两部分是支配与被支配的关系。但是古代汉语里在某些条件下宾语要置于述语前,这是古代汉语语法的特点之一,要求同学们要注意掌握。宾语前置的情况主要有以下几种:

一、疑问结构里疑问代词充任的宾语要前置。疑问代词作介词的宾语也要前置。

二、否定结构里指示代词或人称代词充任的宾语一般要前置。

三、用"之""是""焉"等作标记的宾语要前置。

四、代词"是"作宾语有时不必标记就可以置于述语前。

第六节 连谓结构

连谓结构是谓词或谓词性结构连用的格式。古今汉语的连谓结构基本一致,各直接成分的主语都是共同的,但古代汉语连谓结构两项之间往往有连词,而现代汉语的连谓结构直接成分紧接,中间没有任何关联词语。连谓结构直接成分间的关系是承接关系,主要有两种:

一、表示时间上承接的连谓结构。前后两项多用连词"而"、"则"连接,表示动作行为的两个直接成分在时间上前后承接。

二、表示事理上承接的连谓结构。后项表示前项的目的、结果等,一般使用的连词是"则"、"而"、"以"。

第七节 助词结构

助词结构在古代汉语里的出现频率极高,与现代汉语存在很大差异,是我们学习的重点。助词结构主要有四种:

一、"者"字结构。助词"者"位于动词、形容词、数词及其他谓词性成分之后,构成"者"字结构,常常用来表示动作行为的施事者。"者"字结构的语法功能非常丰富,可以作主语、宾语、状语、定语及名词性偏正结构的中心语,要求同学们结合例句掌握"者"字结构的语法功能,即"自指与转指"。

二、"所"字结构。助词"所"附于谓词性成分之前,构成"所"字结构。"所"字结构都是转指的,相当于一个名词性的成分。"所"字结构有三种类型:

1. "所+及物动词"。这类"所"字结构里的动词都是单个动词,并且都是及物动词。一般用来表示动作行为的受事者。

2. "所+介词+动词+(宾语)"。这类"所"字结构里的动词可以是不及物的,也可以是及物的,甚至可以带有宾语。

3. "所+动词+(宾语)"。这类"所"字结构里的动词可以是不及物的,也可以是及物的,甚至可以带有宾语,这一点类似第二类"所"字结构。但是,这类"所"字结构里不出现介词,这一点又同第一类"所"字结构相似。

三、"之"字结构。助词"之"插在主谓结构之中,构成"主语+之+谓语"组合。"之"字结构都是自指的。"之"字结构的语法功能很丰富,经常作主语、宾语和状语,要求同学们结合例句掌握"之"字结构的语法功能。

四、"其"字结构。助词"其"加上动词(或形容词)性成分,构成"其"字结构。一般情况下助词"其"等于"名词+之",所以"其"字结构相当于"之"字结构,"其"字结构一般只作主语和宾语。要求同学们结合例句掌握"其"字结构的语法功能。

"之"、"其"、"者"、"所"四个字,在古代汉语中的出现频率相当高,而且它们还都分别记录了语言中几个不同的词,比如"之"字,就可以是动词、代词、连词、助词等,要求同学们根据教材的体系,归纳出它们所记录的不同的词的各种用法。

练习与思考

一、填空题

1. 联合结构的几个成分之间是_____的关系。
2. 偏正结构的两部分是_____的关系。
3. 主谓结构的两部分是_____的关系。
4. 述补结构的两部分是_____的关系。
5. 述宾结构的两部分是_____的关系。

6. 连谓结构是_____格式。

7. 古代汉语连谓结构两项之间往往有_____,而现代汉语的连谓结构直接成分紧接,中间没有_____。

8. 连谓结构直接成分间的关系是承接关系,主要有两种:一种表示_____上的承接,一种表示_____上的承接。

二、问答题

1. 联合结构主要有几种,它们在用法上有什么相同点和不同点?

2. 偏正结构主要有两种:它们在用法上有什么相同点和不同点?

3. 古今汉语主谓结构的不同点主要有哪些?

4. 述补结构中充任补语的成分古今的主要差别是什么?

5. 宾语前置的情况主要有几种?

6. "所"字结构主要有几种形式?

7. 根据教材的体系,归纳出"之"、"其"、"者"、"所"四个字所记录的不同的词的各种用法。

三、分析题

1. 说明下列带点的词语充任何种成分。

（1）臣与将军勠力而攻秦,将军战河北,臣战河南。

（2）翱翔蓬蒿之间。

（3）退而禅颇,名重太山。

（4）高祖购求布千金。

（5）饥者易为食,渴者易为饮。

（6）从山上望牛者,若羊,……远蔽其大也。

（7）冒顿立斩不射善马者。

（8）王之不王,不为也,非不能也。曰:"不为者与不能者之形何以异?"

（9）此五者,邦之蠹也。

(10) 人之爱其子,亦如余乎?
(11) 不患人之不己知,患不知人也。
(12) 媪之送燕后也,持其踵为之泣。
(13) 古之君子,其责己也重以周,其待人也轻以约。
(14) 操蛇之神闻之,惧其不已也,告之于帝。

2. 指出下列句中的前置宾语,并分析其属于何种类型。
(1) 吾谁欺?欺天乎?
(2) 沛公安在?
(3) 许子奚为不自织?
(4) 不患人之不己知,患不知人也。
(5) 我无尔诈,尔无我虞。
(6) 行仁政而王,莫之能御也。
(7) 宋何罪之有。
(8) 又何马之能知也。
(9) 我周之东迁,晋郑焉依。
(10) 岂不谷是为?先君之好是继。
(11) 惟余马首是瞻。
(12) 诗曰:"孝子不匮,永锡尔类",其是之谓乎。
(13) 昭王南征而不复,寡人是问。
(14) 君子是则是效。
(15) 唇亡齿寒,其斯之谓与。

3. 分析下面一段文章中"之""其""者""所"的用法。
信拜礼毕,上坐。王曰:"丞相数言将军,将军何以教寡人计策?"信谢,因问王曰:"今东乡争权天下,岂非项王邪?"汉王曰:"然。"曰:"大王自料勇悍仁强孰与项王?"汉王默然良久,曰:"不如也。"信再拜贺曰:"惟信亦为大王不如也。然臣尝事之,请言项王之为人也。项王喑恶叱咤,千人皆废,然不能任属贤将,此特匹夫之勇耳。项王见人恭敬慈爱,言语呕呕,人有疾病,涕泣分食饮,至使人有功当封爵者,印刓敝,忍不能予,此所谓妇人之仁也。项王虽霸天下而臣诸侯,不居关中而都彭城。有背义帝之约,而以亲爱王,诸侯不平。诸侯之见项王迁逐义帝置江南,亦皆归逐其主而自王善地。项王所过无不残灭者,天下多怨,百姓不亲附,特劫于威强耳。名虽为霸,实失天下心。故曰其强易弱。今大王诚能反其道:任天下武勇,何所不诛!以天下城邑封功臣,何所不服!以义兵从思东归之士,何所不散!且三秦王为秦将,将秦子弟数岁矣,所杀亡不可胜计,又欺其众降诸侯,至新安,项王诈坑秦降卒二十余万,惟独邯、欣、翳得脱,秦父兄怨此三人,痛入骨髓。今楚强以威王此三人,秦民莫爱也。大王之入武关,秋豪无所害,除秦苛法,与秦民约,法三章耳,秦民无不欲得大王王秦者。于诸侯之约,大王当王关中,关中民咸知之。大王失职入汉中,秦民无不恨者。今大王举而东,三秦可传檄而定也。"于是汉王大喜,自以为得信晚。遂听信计,部署诸将所击。

《韩信拜将》

第十四章 古代汉语的基本句类

★ 学习内容提要

本章主要讲授了古代汉语的判断句和被动句,以及复句和单句。

★ 教学目的要求

掌握从不同角度划分的古代汉语的基本句类,了解划分句类的基本原则。掌握判断句的基本形式;理解判断句的表达功能。掌握被动句的基本形式。了解划分复句和单句的原则;掌握复句的类型。

★ 重要名词概念

判断句　被动句　主动句　等立复句　承接复句　进层复句

★ 学习重点提示

★ 关于句子的分类

给句子分类,有许多不同的角度。从表达的角度,可以分为判断句、描写句和叙述句三类;从谓语构成成分的角度,可以分为名词谓语句、形容词谓语句和动词谓语句三类;从句子本身的结构的角度,可以分为复句和单句;从语气的角度分类,可以得到陈述句、祈使句、疑问句、感叹句等类。多种句类之间存在着对应和交叉。比如判断句多是名词谓语句,描写句多是形容词谓语句,叙述句多是动词谓语句。但是判断句并不等同于名词谓语句,判断句也有一部分是动词谓语句或形容词谓语句,这是我们在学习中需要特别注意的。

第一节 判断句

判断句是根据谓语同主语之间的表达关系给句子分类得出的一种句类,判断句的谓语一般是对主语表达的人或事物进行分类,判断主语表达的人或事物属于哪一类人或事物,或不属于哪一类人或事物。

现代汉语的判断句一般要用判断动词"是"作述语,古代汉语的判断句与现代汉语很不相同,一般不用判断动词作述语,而是基本上用名词性成分作谓语,用判断句式本身来表达判断。

一、古代汉语判断句的基本形式

1. "主语+谓语+也"。这是古代汉语判断句比较常见的形式,谓语都是名词性成分,句末语气词"也"用来加强判断语气。

2. "主语+者+谓语+也"。这也是古代汉语判断句比较常见的形式,不仅用了句末语气词"也",而且还在主语后用了指示代词"者"复指主语,起提示主语、加强语气的作用。这种句式的判断意味更强一些。

3. "主语+者+谓语"。这种形式在古文里的出现频率不高,由于不用句末语气词"也",所以判断意味较弱。

4. "主语+谓语"。这种形式在古文里的出现频率也不高,由于不用句末语气词"也"和起提示主语作用的代词"者",所以判断意味更弱。

5. "主语+是+宾语"。这种形式起源于秦汉时代,判断动词"是"来源于指示代词"是",指示代词"是"常常用来复指前文,判断动词"是"正是从指示代词"是"的这一用法发展来的。

二、古代汉语判断句的表达功能

1. 表示类属关系,即主语表达的人或事物属于谓语所表达的人或事物的同类。

2. 表示等同关系,即主语表达的人或事物就是谓语所表达的人或事物。

以上两种判断句不仅在句法上构成判断,在逻辑上也构成判断。

3. 表示比喻关系,即主语表达的人或事物在某些方面就像谓语表达的人或事物一样。

4. 表示主语同谓语之间某种复杂的语义关系。

以上两种判断句只是在句法上构成判断,主语和谓语在逻辑上并不构成判断。

5. 谓语表示造成某种结果的原因。表示原因的判断句一般都是由谓词性成分充任谓语的,这一点不同于其他判断句。

第二节 描写句

根据谓语的构成情况,古代汉语的描写句可以分成三类。

一、单个形容词作谓语。

二、以形容词为核心的谓词性偏正结构作谓语。

三、以形容词为核心的述补结构作谓语。

第三节 叙述句

一、被动句和主动句。被动句和主动句是叙述句的两个基本类型,被动句是指谓语动词所表达的动作行为的受事成分作主语的句子,如"苹果被我吃了"。严格意义上的主动句与被动句相对,是指动作行为的施事成分作主语的句子,如"我吃苹果"。但是主动句也可以用来指被动句以外的所有叙述句,也就是说,在叙述句范围内除被动句外其他都归入主动句,如"这把刀切肉"。本教材采用比较宽泛的主动句说法。

二、古代汉语被动句的形式

1. 不带标记的被动句。这种句子在意义上是被动的,但在形式上与主动句相同,所以不能称之为被动句型。无标记的被动句在古文里的出现频率很高,它与主动句的表面形式相同,有时容易引起混淆。我们可以从三个方面去考察和识别一个句子是主动意义还是被动意义。

(一)谓语动词如果是表示人的动作,而主语却是一个非指人的名词,那么这个句子是被动句。

(二)谓语是及物动词,从表面上看主语也可以认为是这个及物动词所表示的动作行为的发出者,但是谓语动词后没有宾语,并且也无法补出宾语,在这种情况下,句子是被动意义。

(三)在主动宾完备的句子里,如果宾语所表达的事物属于主语所表达事物自身的一部分,动词所表示的动作行为又是对主语不利的,句子一般也是表示被动意义的。

2. 带有标记的被动句。
(1)"及物动词+于+施事者"。
(2)"为+施事者+及物动词"。

(3)"见+及物动词"。

"见"不能引介施事者,因此"见"是一个助动词而不是介词。"见"字句要表达施事者,就要同"于"字句结合,构成"见+及物动词+于+施事"组合,靠介词"于"来引介施事者。

(4)"为+施事者+所+及物动词"。

(5)"被+(施事者)+及物动词"。在先秦汉语里,"被"是一个及物动词,战国末期动词"被"的宾语可以是动词性成分了,这样动词"被"就有了虚化的可能。汉代以后"被+及物动词"的用例多起来了,更显示出了"被"已经不再是及物动词,而是虚化为表示被动的标记了,一个新的被动句式产生了。在东汉以前"被"不能引介施事者,语法功能同"见",是个助动词。东汉以后,"被"可以引介施事者了,"被"就发展为介词了。至此,现代汉语里最重要的被动句式就产生了,以后这种被动句式逐渐取代了其他各种被动句式。

第四节 复句与单句

一、古代汉语的复句。复句的下位句法单位是分句,分句间的关系都是平列的。根据分句间的具体结构关系,古代汉语的复句可以分为五种类型。

1. 等立复句。两个或两个以上分句分别叙述、描写相关的几件事,或同一件事的若干方面,各分句间的关系是平等的。等立复句多用意合方式构成,有时也可使用关联词语"而"、"既"、"又"等。

2. 转折复句。复句两分句间的转折关系都是非让步转折关系。转折复句经常使用的关联词语是"而""然""然而"。

3. 选择复句。选择复句经常使用的关联词语是"抑""且",经常用的固定格式有"与……宁……""与其……宁……","宁……无……"。

4. 承接复句。承接复句的各分句在时间上或事理上承接,分句间多不用关联词语,有时也可以用副词或连词起关联作用。

5. 进层复句。进层复句的后分句表达的意思比前分句更进一层,各分句虽然在语法上是平等的,但在语义上后分句重于前分句。进层复句基本上都使用关联词语,经常使用连词"且"和固定格式"尚……况……"、"且……况……"、"非独……皆……"、"非独……亦……"。

二、古代汉语的单句。教材主要分析了几种偏正结构的单句。

1. "之"字结构作状语。
2. "者"字结构作状语。
3. 无标记的自指化谓词性成分作状语。
4. 介宾结构作状语。

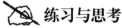
练习与思考

一、填空题

1. 古代汉语的判断句一般不用_____作述语,而是基本上用_____作谓语,用判断句式_____来表达判断。

2. "见"是一个_____而不是介词。

3. 东汉以后,"被"可以引介_____了,"被"就发展为_____了。

4. 判断动词"是"是从_____发展来的。

5. 判断动词"是"起源于_____。

6. 转折复句经常使用的关联词语是_____、_____、_____。

7. 选择复句经常使用的关联词语是_____、_____。
8. 选择复句经常用的固定格式有_____、_____。
9. 进层复句经常使用的连词有_____。
10. 进层复句经常使用的固定格式有_____、_____。

二、问答题
1. 如何从不同的角度给句子分类？
2. 古代汉语判断句的基本形式有几种？
3. 古代汉语判断句的表达功能有哪些？
4. 根据谓语的构成情况，古代汉语的描写句可以分成几类？
5. 如何考察和识别一个句子是主动意义还是被动意义？
6. 古代汉语的被动句有几种类型？
7. 古代汉语的复句可以分为几种类型？
8. 古代汉语的偏正单句有哪几种类型？

三、分析题
1. 说明下列判断句的表达功能。
1）陈胜者，阳城人也。（《史记·陈涉世家》）
2）梁父即楚将项燕。（《史记·项羽本纪》）
3）君者，舟也；庶人者，水也。（《荀子·王制》）
4）夫战，勇气也。（《左传·庄公十年》）
5）百乘，显使也。（《战国策·齐策》）
6）良庖岁更刀，割也；族庖月更刀，斫也。（《庄子·养生主》）
2. 说明下列复句的类型。
1）目不能两视而明，耳不能两听而聪。（《荀子·劝学》）
2）既东封郑，又欲肆其西封。（《左传·僖公三十年》）
3）今邯郸旦暮降秦，而魏救不至。（《史记·魏公子列传》）
4）性也者，吾所不能为也；然而可化也。（《荀子·儒效》）

5) 富贵者骄人乎？且贫贱者骄人乎？（《史记·魏世家》）
6) 宁为鸡口，无为牛后。（《史记·苏秦列传》）
7) 吾十有五而志于学，三十而立，四十而不惑，五十而知天命，六十而耳顺，七十而从心所欲，不逾矩。（《论语·为政》）
8) 公语之故，且告之悔。（《左传·隐公元年》）
9) 死马且买之五百金，况生马乎？（《战国策·燕策》）

3. 指出下文中的判断句和被动句，并分析其形式和功能。

公孙鞅曰："臣闻之：疑行无成，疑事无功。君亟定变法之虑，殆无顾天下之议之也。且夫有高人之行者，固见负于世；有独知之虑者，必见骜于民。语曰：'愚者暗于成事，知者见于未萌。民不可与虑始，而可与乐成。'郭偃之法曰：'论至德者不和于俗，成大功者不谋于众。'法者，所以爱民也；礼者，所以便事也。是以圣人苟可以强国，不法其故；苟可以利民，不循其礼。"

阅读书目

马建忠：《马氏文通》，商务印书馆，1983年。
周法高：《中国古代语法》，台联国风出版社，1959年。
朱德熙：《语法答问》，商务印书馆，1985年。
　　　《语法讲义》，商务印书馆，1982年。
　　　《自指和转指》，《朱德熙文集》第三卷，商务印书馆，1999年。

第四部分 音韵

第四部分 音 階

第十五章　关于汉语音韵的入门知识

★ **教学内容提示**

本章主要有三部分内容：古汉语音韵是什么性质的学问；在没有拼音和国际音标的古代人们怎样表示小于音节的语音单位；古汉语语音的分期包括哪几个大的阶段和每个阶段的代表性音系。

★ **教学目的要求**

懂得音韵学在古代汉语中的地位和作用；认识到古人是以汉字为工具来表示他们分析出来的语音单位的（或是以一个汉字代表一个音位，或是通过对大量汉字的分类来指示每类的共有成分）；初步建立汉语古音的历史分期观念，知道什么是上古音、中古音、近代音。

★ **重要名词概念**

音韵学　音类　音值　上古音　中古音　近代音

★ **教学建议**

- 首先讲清楚音韵学科的性质：它是关于历代汉语音系及其发展

过程的学科,古代字音的知识都属于音韵学的内容。开始学习本卷时,可以先让同学复习一下"语言学纲要"和"现代汉语"两门课里的语音学知识,本章和下一章需要把普通语音学中的分析方法和有关概念作为基础。
- 第二节是本章的重点。应该把古人特有的语音单位表示方法的特点说清楚。讲解"字母"、"四呼"、"韵"等概念时,适当增加举例。
- 关于古音分期部分,可以重述一下"语言学纲要"里讲过的语言发展变化的理论,强化学生的历史意识;也要说明,完整的汉语史还包括远古汉语(商代以前)和现代汉语(二十世纪),但是本课内只讲上古、中古、近代这三段。
- 本章所占课时约为音韵部分总课时的十分之一强。

★ 各节教学要点

第一节　为什么要懂一点汉语古音

　　现代人使用"音韵"这个概念时主要指历史上的汉语语音;现代人不具有古音的感性认识,因而音韵学显得难学。但是古音知识对于整体提高古代汉语水平有重要作用,对于研究古代汉语的词汇、语法、文字更为必要,对其他研究中国古代文化的学科也是有用处的,所以应该掌握一定的古音知识。
　　古音实用性的例子很多。词汇方面的例子如古书中很多"通假"现象,要辨别假借字,就得以它们的古代读音为条件。为节省篇幅,教材内未举语法、文字方面的例子,教员可以自行增加例子。

文学方面可以拿古代的诗歌押韵和平仄为例，说明古音不同于今音，不懂得一些古音知识就无法深入研究诗歌。古音在古籍校勘和历史研究中的用处，教材也有举例。

第二节 标注古音的方法

语音是听觉对象，要在书面上表示语音，就得有特定的代表符号。十九世纪以前的传统音韵学都用汉字作为语音的代表符号，二十世纪的现代音韵学增加了国际音标作为语音代表符号。古音的研究成果分"音类"和"音值"两个层次，用汉字作为语音的代表符号，主要功能是区别音类；用国际音标作为记音工具，既能区别音类，也能表示音值。

音类，指分析出的语音单位。音韵学的研究主要是对音节内部的构成成分进行分析。音节的内部成分包括声母、韵头（也叫介音）、韵腹（也叫主要元音）、韵尾和声调五种成分。一个单纯的音位可以是一个音类，两个以上音位的组合（如"韵腹＋韵尾"、"韵头＋韵腹＋韵尾"、"声母＋韵头"等）也可以是一个音类。用汉字表示音类的方法有两种，一种是用一个汉字代表一个音位，另一种是把具有某种共同成分的汉字算作一个类别、并给这个类别起一个名称，这一类字的共有成分是一个音类。

用汉字代表一个单纯的音位，主要用在声母和声调。用一个汉字代表一个声母，是古代普遍运用的方法。代表声母的汉字叫"字母"，每个字母代表的声母是它本身所包含的声母。声调也用同样的方式表示。

通过给汉字分类和命名来表示音类，用法多种多样。可以区分的音类既有单纯音位，也有音位组合成的上一层单位。古代用这种方式表示的最重要的音类是"韵"，韵的代表字叫做韵目。

音值，是语音单位的实际读音。音类是抽象的，音值则是具体的；音值的书面代表符号是国际音标。音韵学以发音机制来说明音值，即从发音部位和发音方法来说明辅音，从口唇的形状、舌位的高低前后来说明元音。国际音标既能表示音值，也可以代表音类。汉语声调的"调值"不用国际音标表示，通行的表示方法是"五度标调法"。

第三节　汉语古音的分期

不同历史时期各有自己的语音系统。本课不讲连贯的语音发展史，也不讲方言，只讲三个时期内的共同语语音系统。

上古音　上古音指的是从西周初年到汉末的语音。这一时期没有完整的音韵学专著，代表性的语音系统是从《诗经》等先秦韵文归纳出来的30个韵部；从谐声字和假借字等材料可以发现这一时期不少重要的声母现象。

中古音　中古音指的是魏晋到晚唐五代的语音。中古音时期有音韵学的专著，即韵书和等韵图，其他包含语音现象的材料也很多。这一时期的代表性音系是《切韵》音系。

近代音　近代音包括宋元明清时期的语音。这一时期共同语的一个比较大的变化是共同语的中心基础方言变了，河南洛阳开封音的地位被北京音所取代。近代音的代表性音系是元朝的《中原音韵》音系。

练习与思考

一、摘出下列诗歌的押韵字，用汉语拼音给它们注音；指出每首诗内押韵字的现代音有几个韵母。

1.《诗经·魏风·硕鼠》
2.《古诗十九首·西北有高楼》
3. 曹操《步出夏门行·观沧海》
4. 陶渊明《停云诗》
5. 李商隐《登乐游原》

二、什么是"音类"？什么是"音值"？用汉字代表音类有哪几种主要方式？

三、音韵学中的"字母"是什么？"韵"是什么？

四、汉语上古音是哪一时代的音系？中古音是哪一时代的音系？近代音是哪一时代的音系？

第十六章　汉语古音是怎样研究出来的

★ **教学内容提示**

本章共有四节,前二节最重要。主要的部分是:韵书的性质和功能,韵书的编纂原理。反切的方法,怎样系联反切上下字。等韵图的性质、特点。等韵学的名词术语。除了利用韵书和韵图之外,其他的研究古音的途径主要有从诗歌韵文归纳韵部,从谐声系列考求上古声母现象,从异文通假字发现字与字之间的声音关系。利用现代方音、亲属语言、对音等推测古代的音值。

★ **教学目的要求**

认识韵书的体例结构和编纂原理,懂得韵书体例与语音系统的关系;熟悉反切的原理,能够根据简单的反切拼出被切字的现代读音;初步了解掌握系联反切上下字的基本方法。对于等韵图的性质和编纂原理有确切认识;牢固掌握等韵学中分析语音的主要概念术语;对"字母"有更多的了解,懂得"五音""七音""清浊"等概念,知道三十六字母的发音方法分类和发音部位分类。懂得怎样从押韵字归纳韵部,知道谐声字、异文通假字也是研究古音的材料。初步了解古音的音值是利用现代方音、对音、亲属语言推测出来的。

★ **重要名词概念**

韵书　韵　小韵　韵类　声类　韵部　反切　反切上字　反切下字　被切字　系联法　等韵图(韵图)　开、合　四等　韵系　韵摄　五音　七音　唇音　重唇音　轻唇音　舌音　舌头音　舌上音　牙音　齿音　齿头音　正齿音　喉音　半舌音　半齿音　全清　次清　全浊　次浊　字母　三十六字母　古音拟测(构拟)

★ **教学建议**

● 本章是学习音韵学过程的关键环节,前三节是重点,需要学生牢固掌握。前两节内名词术语多,要多安排课时,讲解宜详细,说清概念的含义,也要讲一讲概念之间的相互联系。第三节可以稍微简单讲解,要求同学知道三类材料各有什么用途。最后一节只要一带而过。

● 本章所占学时应为音韵部分总课时的十分之三左右。

★ **各节教学要点**

第一节　根据韵书和反切分析音类

韵书:

韵书的性质和作用:韵书是以分韵和注音为主要功能的工具书。这种工具书按照音节的内部成分(声调、韵腹和韵尾、介音、声母)给汉字层层分类,并且用反切给汉字注音。韵书是古代音韵学著作中最重要的种类之一,是现代人研究汉语古音的重要依据。通过分析韵书的内部分卷、分韵、分小韵,和反切用字情况,我们可以了解一部韵书的语音系统,(多少个声调、多少个韵、多少个声母,一韵内包含几个韵母、哪些字是同音字)。

中古时代的韵书以《广韵》为代表,它的体例可称作"三级分类法":第一层分类以声调为标准,分出的单位是"卷",《广韵》全书分五卷,上平和下平实际是一类;第二层分类以韵腹和韵尾为标准,分出的单位是"韵";第三层分类是小韵,即读音完全相同的字组。这样的韵书直接提供的语音信息有三层:声调、韵、小韵。更细一些的韵类和声类的信息,需要通过"反切系联法"来解决。

后代的韵书在体例上比早期韵书有所改进,分类更加细致,条理更加明晰。采用"四级分类法",把韵基、声母、韵类、声调这几种音类成分都分别得很清晰。

反切:

反切这种注音方法是用两个汉字给另外一个汉字标注读音。反切的原理是:把反切上字的声母跟反切下字的韵母和声调相结合,合成另外一个音节,就是被切字的读音。反切上字跟被切字的声母相同,反切下字的韵母和声调跟被切字相同。要注意:被切字是零声母时,反切上字必须是零声母字,但是介音不一定跟被切字一致,被切字的介音还要凭切下字来决定。现代汉语拼音方案里以y、w开头的音节都是零声母,不要当作不同的声母。

通过分别"系联"反切上字和反切下字,把一部韵书内的声母类别和韵母类别搞清楚,这叫"反切系联法"。系联反切上字可以得到声类,系联反切下字可以得到韵类。考察反切上字的"同用""互用""递用"关系,可以得出一个音系内部所有的声母类别;考察反切下字的"同用""互用""递用"关系,可以得出一个音系内部所有的韵母类别。这是系联反切的基本方法。

第二节　根据等韵图分析音类的语音性质

等韵图：

等韵图，简称韵图，是用汉字编排的声韵调配合表。它的编纂原理是以"层级分类"和"交叉分类"相结合的方式，来展示汉语的音节结构。它对语音系统的分析比韵书更精确，更细致，使用的术语也很多。

用于分析韵母的概念：

开合："开"与"合"以介音或韵腹里有没有 /u/（或半元音 /w/）这种音来区分。介音或韵腹里有 /u/（/w/），就是合口；反之就是开口。

四等：也是兼用于韵头和韵腹的概念。唐宋时的人把所有的韵母分成了一、二、三、四这样四个"等"，在韵图是自上而下排为四个横行或四个横格。四等的区别既在于韵腹，也在于韵头。主要元音在四等里的分布依次是后、低、前、高；三等韵类跟其他韵类的差别在于有没有 i 介音，凡是具有 i 介音的韵类，无论韵腹是什么元音，都属于三等。

四呼：近代等韵图给韵类定性的名称不再是开合四等，而是"开口、齐齿、合口、撮口"四呼。

韵系：韵母相同而声调不同的几个韵，在韵图里被排为一个系列，今人称为"韵系"。收塞音韵尾 -p、-t、-k 的入声韵，分别跟发音部位相同的鼻音韵尾 (-m、-n、-ŋ) 的阳声韵算在一个韵系里边。

韵摄：在韵图里，韵尾相同、韵腹相近的几个韵系被归为更大的单位，这样的单位叫做"摄"。宋代《四声等子》分 16 摄，以后成为很通行的概念。因为韵书分的韵数目比较多，不容易记住；用韵摄代表一组韵系，概括性强，便于记忆，所以现代音韵学界经常使用这个概念。

用于分析声母发音部位的概念：

五音：等韵图按发音部位把字母分为唇音、舌音、齿音、牙音、喉音五个大类，通常称"五音"。

七音：五音之外还有两个小类，分别叫做半舌音、半齿音，合起来称为"七音"。

五音中的唇音、舌音、齿音每类还分为两个小类，唇音分重唇音和轻唇音，舌音分舌头音和舌上音，齿音分齿头音和正齿音。以上的发音部位名称跟现代语音学的发音部位名称对应如下：

牙音，就是舌根音（舌面后音），包括塞音 k、k'、g 和鼻音 ŋ。

舌头音，就是舌尖中音，包括塞音 t、t'、d 和鼻音 n。

舌上音，是舌面前的塞音 ȶ、ȶ'、ȡ 和鼻音 ȵ。

重唇音，是双唇音，包括塞音 p、p'、b 和鼻音 m。

轻唇音，是唇齿音，包括塞擦音 pf、pf'、bv、鼻音 ɱ，擦音 f、v 以及半元音 ʋ。

齿头音，是舌尖前音，包括塞擦音 ts、ts'、dz 和擦音 s、z。

正齿音，是舌叶音 tʃ、tʃ'、dʒ、ʃ、ʒ。也有的学者认为是舌面前音 tɕ、tɕ'、dʑ、ɕ、ʑ。

喉音里边，有零声母（用 ø 表示），有舌根音的擦音 x、ɣ，舌面的半元音 j。是个比较复杂的类别。

半舌音，是舌尖中音的边音 l。

半齿音，是舌面前的摩擦鼻音 nʑ。

关于声母发音方法的概念：

清、浊：发音时声带振动的辅音叫做浊音，声带不振动的辅音叫做清音。

全清：清声母里边的不送气的塞音、塞擦音声母；零声母也属于全清。

次清：清声母里边送气的塞音、塞擦音声母。

全浊:浊音里边的塞音、塞擦音声母。

次浊:浊音里边的鼻音、边音、半元音等。

擦音也分清浊两类,它们的称呼,有的书上单叫"清"或"浊",但多数人把清擦音(s、ʃ、x)算作全清,把浊擦音(z、ʒ、ɣ)算作全浊。

第三节 从其他文献考证音类

本节讲的是用韵书、韵图以外的材料研究古音的方法。

从诗文押韵归纳韵部:

考察一个时代诗歌和其他韵文的用韵情况,是发现韵部系统的一种方法。这种方法对于没有韵书韵图的时代,比如先秦,显得非常重要。

诗文押韵具有时代特色,各个时代的押韵体现本身所处时期的韵部系统。同一时代的押韵分部还有文体的差别。官韵脱离实际口语,只遵守固定的韵书分部。自然韵价值较大,在音韵学中更受重视。

从谐声系列考证上古声韵类别:

根据造字原理,一组谐声字的韵母应该是相同或者相近,声母也相同或者属于同一发音部位。有些同声符的谐声字在现代的读音差别较大,是长期演变导致的后果,在造字时代,它们的读音本来是相同或相近的。

上古时期没有现成的声母资料留下来,既没有等韵图和字母,也没有反切,诗歌韵文也只能反映韵母。因此,谐声字就成了研究上古声母的最重要的依据。

利用异文、通假字分析音类:异文指的是同一种书的不同版本之间、或原文与引文之间文字的不一致。异文中属于别字的那一部分,因为大多是同音字代替,对于古音的研究有一定用处。通假字也是把一个字当成另外一个同音字或音近字来用,通假字跟它所代表的"本字"总是同音或者音近的,所以也可以用来研究用字时的语音。

谐声字材料跟异文假借字的材料相结合,是研究上古声母的主要方法。

第四节　根据方言、亲属语言、对音等拟测音值

推测古代的实际读音,叫做"拟测"或者"构拟"。拟测汉语古音所根据的主要材料是现代汉语方言、汉语的亲属语言即汉藏语系各语言、古代的对音。

利用方言、亲属语言拟测古音,是把同一个词(字)在各方言以及不同语言里的读音加以比较,推定最可能的古音形式,这种方法叫做"历史比较法"。对音是历史上的音译词,也就是古书里用汉字记录的外语词汇,或者非汉族文字记录的汉语词汇。如果能够确切知道对音词的外语读音,就可以利用它推测汉字的古音。

练习与思考

一、查出《广韵》下列各韵的前三个小韵收了哪些字、反切是什么(每人从其中选五韵)。

上平声	三钟	四江	十六哈	
下平声	六豪	九麻	十五青	
上声	七尾	二十四缓	三十小	四十四有
去声	一送	七志	十一暮	三十三线

入声　　八物　　十月　十六屑　二十六缉

二、用汉语拼音注出下列反切被切字的现代普通话读音

都宗切　防无切　陟弓切　呼到切　彼义切　古火切
乃里切　作代切　常伦切　徒年切　区倦切　乌涓切

三、解释下列名词术语

开口　合口　韵摄　牙音　喉音　舌头音　重唇音
轻唇音　正齿音　全浊　全清　次浊　次清

四、下面所列是三十六字母中的几个字母,指出它们的发音部位和发音方法。

见　匣　来　影　清　心　非　滂　知　床

第十七章 《切韵》音系

★ **教学内容提示**

《切韵》是中古时期最重要的韵书,《广韵》是该系韵书的代表著作。《切韵》审音精当、体例严整、时间上处于汉语史的中间阶段,是研究汉语语音史的参照系。《切韵》的声韵系统比较复杂,通过系联反切上下字,加上其他辅助手段,研究出《切韵》的声母和韵类。

★ **教学目的要求**

- 认识《切韵》音系的历史地位:它综合概括了中古汉语语音的主要特征,是研究历代语音的最佳参照系。《广韵》是《切韵》系韵书的集大成之作,要熟悉《广韵》的体例。
- 通过跟现代音的对比认识《切韵》声母系统的特点:有一套今音所无的全浊音声母;今音的卷舌音声母原分为知、庄、章三组;今音的零声母原分为影、于、以、疑、明(微);今音的唇齿音 f 原读为重唇音帮 p、滂 p'、并 b;今音的 tɕ、tɕ'、ɕ 原来分别读为见 k、溪 k'、群 g、晓 x、匣 ɣ 和精 ts、清 ts'、从 dz、心 s、邪 z。
- 《切韵》的韵母复杂,暂时不必一一记住所有韵母。要掌握的是:韵头和韵腹有开合、四等的区别;韵尾比现代音多出 -m、-p、-t、-k 这样一些辅音韵尾,加上零韵尾、-i、-u、-n、-ŋ,显得比较复杂。应该了解十六摄各有什么样的韵尾。

- 《切韵》的声调是"平、上、去、入"四声。跟现代音的差别是：有一个入声调，平声只有一类而不分阴阳，上声字比现代多一部分全浊音字(现代变成了去声)。

★ **重要名词概念**

《切韵》系韵书　韵系　四声相承　浊音清化　平分阴阳　浊上归去　入派四声

★ **教学建议**

- 本章跟上一章同为音韵学部分的重点，占用课时宜稍微多一些。
- 要说明《切韵》为何产生深远的历史影响，为什么把《广韵》作为《切韵》音系的代表性著作。《广韵》体例部分，最重要的类别单位是韵。决定《切韵》音系历史地位的三个主要原因。
- 通过跟现代音的对比来介绍《切韵》声母系统的特点；从"附录"部分分析一组声母作为例证，说明《切韵》声母与现代声母的关系既是错综的，也是有规律可循的。
- 说明《切韵》韵母的特点是分韵多，再分别谈韵头、韵腹、韵尾三部分与现代音的差异。用16摄来概括206韵是以简驭繁的办法，所以应该讲一下16摄与现代韵母系统的关系。
- 本章所占课时约为音韵学部分总课时的十分之三。

★ **各节教学要点**

第一节 《切韵》概说

《切韵》的成书与流传：

《切韵》是代表中古汉语语音的一部韵书，是汉语史上最重要的著作之一。

《切韵》作者是隋代陆法言。编写《切韵》的起因是：早在隋文帝开皇（公元581—600年）初年，有八个当时的著名学者到陆法言家聚会，认为以前的韵书都不够理想，有必要另外编订一本韵书，为士人树立一个典范。当时讨论了纲领性意见，陆法言执笔把大家商定的审音原则记下来。过了十几年，陆法言免官后有了空闲，完成了当年的计划，于隋文帝仁寿元年（公元601年）编出了这部影响深远的韵书。

《切韵》问世后，很快产生重大影响。唐朝把它定为标准韵书，确立了它的官韵地位。唐代出现了好多种增补本，成为一个系列（《切韵》系韵书）。宋代政府继续把《切韵》用作官韵，但是又进行了更大规模的修订，改名为《广韵》。《广韵》是《切韵》系韵书的集大成者，它的音系、体例和内容都继承了唐代的官韵韵书。在唐代的韵书亡佚之后，它就顺理成章地被作为《切韵》系韵书的代表来使用，从而长期成为汉语音韵学最重要的工具书。

《广韵》体例：

《广韵》按声调分卷。平、上、去、入四声，却分为五卷，是因为平声字很多，合在一卷篇幅太大，跟其他各卷不平衡，所以分成上平声和下平声两卷。五卷总共206韵：上平声28韵，下平声29韵，上声55韵，去声60韵，入声34韵。

韵母相同而声调不同的三个韵组成一个"韵部"；收塞音韵尾的入声韵配合收相同部位鼻音的阳声韵部（如ap配am，at配an，

ak 配 aŋ)组成一个"韵系"。没有入声韵相配的一个阴声韵部也叫一个韵系。这种分组,叫做"四声相承"。"四声相承"是汉语语音系统性的一种表现,同一韵系的各韵在变化中总有共性。有些韵系不是在每个声调下都有字,所以"四声相承"有空缺,不是处处都整齐。

《切韵》音系的性质:

《切韵》音系是一个具有综合性质的语音系统。这个音系综合了南北许多方言的特点,还吸收了古音的特点,在区分音类的时候以"从分不从合"为原则,尽可能分类细致。正因为这种综合性质,现代大部分汉语方言的语音差异可以从中找到根源。

《切韵》音系在汉语史上的地位:

在汉语音韵学中,《切韵》音系是最受重视的一个音系,它被看作是整个语音史的中枢,又是研究历代音系和现代各方言音系的首要参照系统。主要的原因是:第一,《切韵》是历史上影响最深远的韵书。唐宋时被定为官韵,元明清使用的平水韵也是以《切韵》系统为基础改编而成。可以说,它的历史影响比任何一部韵书都大。第二,《切韵》音系综合了不同方言的语音内容和一部分较古老的韵书的内容,包容范围广,分类细致严密,汉语方言的音类区别大都能够在这个音系里边找到根据,这样的音系显然最适合作为研究古今音和方音的共同参照系。第三,从时间上说,《切韵》音系正处于汉语史的中间环节,往上能够跟上古汉语联系,往下能够跟近代汉语联系,无论是对于发现历史事实还是解释音变规律来说,这个音系的重要性都是不可替代的。所以,《切韵》成了汉语音韵学的经典,掌握《切韵》音系是了解和研究语音史的基础。

第二节 《切韵》音系的声母

《切韵》《广韵》都没有标明它们的声母。通过系联反切上字的同用、互用和递用，再参考《韵镜》《通志·七音略》这些韵图的声母排列方式，就得到了《切韵》的声母系统。

《切韵》声母的特点

根据历来的研究结果，《切韵》应有三十八个声母。我们最好能够从它跟现代普通话声母的差别上了解这个声母系统的特点，它的主要特点是：

有一套现代没有的全浊声母，即並、定、澄、从、邪、崇、船、禅、群、匣。这些全浊声母的字在现代音变成清声母。其中塞音、塞擦音清化后，平声读送气音，仄声读不送气音。

没有轻唇音 f。《切韵》只有重唇音声母帮、滂、並、明，这些声母到唐末的三十六字母分化为重唇音帮、滂、並、明和轻唇音非、敷、奉、微。其中轻唇音的"非敷奉"到现代都变成 f，微母则变成了零声母。

没有卷舌音 tʂ、tʂ'、ʂ。现代读卷舌音声母的字，在《切韵》系统里分别是知彻澄、庄初崇生、章昌船书禅三组声母。

零声母字少。现代音的零声母字在《切韵》系统分别属于影母、于母、以母、疑母，以及明母的一部分（三十六字母"微母"）和日母的少数字；其中只有影母当时是零声母，其余都有辅音声母或半元音声母。

现代音读 tɕ、tɕ'、ɕ 声母的字，在《切韵》音系分别属于见溪群晓匣、精清从心邪两组声母。

附录:从现代音推测《切韵》声母的举例

现代普通话有22个声母(含零声母)。下面按发音部位分组,简要说明各声母所对应的《切韵》声母。

唇音 p、p'、m、f 来自《切韵》唇音"帮滂并明"。

[p]来自帮母和并母。其中阴平和上声字都来自帮母,如"班巴包边兵""板把保扁丙";去声和阳平字来自帮母和并母(里边的阳平字都是古入声字),如帮母的"博伯""必霸变布扮",并母的"白薄拔""抱步棒办倍"。

[p']来自滂母和并母。其中阳平字来自并母,如"平盆盘牌皮朋袍陪";阴平、上声和去声字来自滂母,如"潘抛批扑篇""普品叵匹""片聘盼譬"。

[m]来自明母。如"民明毛麻米母美满木面梦寐"。

[f]来自三十六字母的非敷奉,在《切韵》属于帮滂并。其中阴平和上声字来自非敷二母,如非母的"方非封分风""仿反府粉甫",敷母的"芳敷峰丰霏""访抚斐";阳平字多数为奉母,如"符凡冯肥扶房乏",但也有非敷母字如"福弗"等;去声字则非、敷、奉三母都有,如"沸付贩放富""费赴副忿""附饭愤妇梵"。

舌根音 k、k'、x 来自牙音和喉音"见溪群晓匣"。

[k]来自见母和群母。其中阴平和上声来自见母,如"干高根工光""感古梗巩果";去声字来自见母和群母,如见母的"故告更贵过",群母的"共跪柜";阳平字来自古入声的见母字,如"革格隔国虢"。

[k']主要来自溪母,少数来自群母。其中阴平、上声和去声字来自溪母,如"科康宽坤""可坎考孔""课看控库"。阳平字来自群母和溪母,如群母的"狂葵馗逵揆";溪母的"奎魁睽壳"。

[x]来自晓匣两母。其中阴平和上声字来自晓母,如"喝呼挥欢轰""好火虎毁罕";阳平字来自匣母,如"寒豪魂红河合";去声字来自晓匣两母,如晓母的"互惠汉唤耗""户会画混换号"。

舌尖音 t、t'、n、l 来自《切韵》舌音"端透定泥来"。

舌尖音 ts、ts'、s 主要来自《切韵》齿头音"精清从心邪",少数"庄初崇生"。

舌面前声母 tɕ、tɕ'、ɕ 来自《切韵》"见溪群晓匣"和"精清从心邪"两组声母。

卷舌音声母 tʂ、tʂ'、ʂ 来自知、庄、章三组,ʐ 来自日母。

零声母字来自影、于、以、疑、明,以及日母的少数字。

第三节 《切韵》音系的韵母

韵和韵母的关系:

《广韵》的 206 韵,不等于 206 个韵母。原因之一,相配的平、上、去三个韵差别只在声调,韵母是相同的;原因之二,一个韵内部可能包含两个以上韵母——韵腹韵尾相同而介音不同的韵母。学者们通过系联反切下字,并参考等韵图所分的开合四等,把每一个韵内包含的韵类搞清楚,然后构拟出每个韵母的音值。

《切韵》音系韵母的特点:

简单地说,分韵多是《切韵》韵母系统的显著特点。分韵多的原因,是作韵腹的元音和韵尾多。现代一个韵的字,在《切韵》各自分别属于不同的几个韵,当时它们或者是韵尾相同而韵腹不同,或者是韵腹相同而韵尾不同。

再从韵头、韵腹、韵尾三方面看《切韵》韵母的复杂性:

韵头方面:一等和二等的开口没有介音,合口有 u 介音;三等开口有 i 介音,合口有 iu 介音;四等分两类,一部分四等韵类跟三等韵类属于同一韵,这部分叫"重纽四等",开口有 j 介音,合口有 ju 介音(同韵的三等韵类叫做"重纽三等");另一部分四等韵类开合自成一韵,叫做"纯四等",开口没有介音,合口有 u 介音。

韵腹方面:一等韵的韵腹一般是后元音,二等韵的韵腹是低或次低元音,四等韵的韵腹是前元音;三等韵以有 i 介音为特点,韵腹则各种元音都有。

韵尾方面:阳声韵有 m、n、ŋ 三种鼻音韵尾,入声韵有 p、t、k 三种塞音韵尾,阴声韵有的是零韵尾,有的是 i 韵尾,有的是 u 韵尾。

16摄与206韵：

《广韵》的韵母数量比较多,宋代的等韵图上把206韵归纳成16摄,每一摄的韵在宋代以后大多合并成一个韵部,通过十六摄来把握《广韵》韵母就便捷一些。下面是简化的十六摄所含韵系表(只列平声和入声韵目,上声全略,"祭泰夬废"以外的去声略)。

通摄	东韵、屋韵	冬韵、沃韵	钟韵、烛韵
江摄	江韵、觉韵		
止摄	支韵	脂韵	之韵	微韵
遇摄	模韵	虞韵	鱼韵
蟹摄	齐韵	佳韵	皆韵	灰韵
	咍韵	祭韵	泰韵	夬韵
	废韵		
臻摄	真韵、质韵	臻韵、栉韵	谆韵、术韵
	欣韵、迄韵	文韵、物韵	魂韵、没韵
	痕韵		
山摄	元韵、月韵	寒韵、曷韵	桓韵、末韵
	删韵、黠韵	山韵、鎋韵	仙韵、薛韵
	先韵、屑韵		
效摄	萧韵	宵韵	肴韵	豪韵
果摄	歌韵	戈韵	
假摄	麻韵		
宕摄	阳韵、药韵	唐韵、铎韵	
梗摄	庚韵、陌韵	耕韵、麦韵	
	清韵、昔韵	青韵、锡韵	
曾摄	蒸韵、职韵	登韵、德韵	
流摄	尤韵	侯韵 幽韵	
深摄	侵韵、缉韵		

咸摄	覃韵、合韵	谈韵、盍韵	盐韵、叶韵
	添韵、帖韵	衔韵、狎韵	咸韵、洽韵
	严韵、业韵	凡韵、乏韵	

从16摄看《切韵》韵母系统与现代普通话韵母系统的关系：

现代普通话的韵母比《切韵》的韵母少得多。从《切韵》到现代普通话之间的韵母变化，合流是主要趋势，有很多韵部合流了，还有不少韵摄也合流了。两个以上韵摄合成一个韵部的有：

通摄、梗摄、曾摄合并；

江摄、宕摄合并；

臻摄、深摄合并；

山摄、咸摄合并。

一个韵摄合成一个韵部的有：遇摄；效摄；果摄；流摄。

止摄、蟹摄、假摄三摄既有内部的分化又有韵摄之间的合并。

韵尾方面的重要变化是咸摄、深摄的 m 韵尾变成 n；入声韵的塞音韵尾 p、t、k 完全消失，入声韵的字都变成了阴声韵。

附录：从现代音推测《切韵》韵母范围

现代汉语读同一个韵母的字往往来自《广韵》若干个韵，对于初学者来说，要分辨每个字属于《广韵》哪个韵，需要从工具书去查阅。不过，如果掌握古今音演变的规律，也能够从现代读音判断一个字在《广韵》音系里的大致范围。

甲，收鼻音韵尾的韵母的来源。

A. 现代读 an、ian、uan、yan 韵母的字来自山摄和咸摄。

B. 现代读 ən、iən、uən、yən 韵母的字多数来自臻摄，一部分 ən、iən 韵母的字来自深摄。

C. 现代读 aŋ、iaŋ、uaŋ 韵母的字来自江摄和宕摄。

D. 现代读 əŋ、iəŋ、uəŋ、yəŋ 韵母的字来自通摄、梗摄、曾摄。

乙，收 i、u 韵尾的阴声韵韵母的来源

A. 现代读 ai、uai 韵母的字来自蟹摄一二等韵母和一部分梗摄入声韵。
B. 现代读 ei、uei 韵母的字来自止摄合口、蟹摄合口和少数入声韵。
C. 现代读 au、iau 韵母的字来自效摄，和一部分江摄、宕摄入声字。
D. 现代读 əu、iəu 韵母的字主要来自流摄，以及少数入声字。

丙，零韵尾的阴声韵母的来源最复杂

A. 现代读 a、ia、ua 韵母的字来自假摄和歌韵佳韵少数字，以及山摄和咸摄的入声韵。

B. 现代读 ə、o、uo 韵母的字来自果摄，和宕摄、梗摄、曾摄、江摄、臻摄、山摄、咸摄的入声韵。

C. 现代读 iɛ、yɛ 韵母的字在来自假摄三等、果摄三等、蟹摄二等，和山摄、咸摄三四等的入声韵。

D. 现代读 ɚ 韵母的字都来自支、脂、之三韵日母字，ɿ 韵母的字来自支、脂、之三韵的精组字，ʅ 韵母的字来自止摄、蟹摄三等和一部分入声韵的卷舌声母字。

E. 现代读 i 韵母的字来自止摄、蟹摄三四等字和一部分入声韵。

F. 现代读 u、y 韵母的字来自遇摄，和通摄、臻摄入声韵。

第四节 《切韵》音系的声调

《切韵》有平、上、去、入四个声调。跟现代普通话的阴平、阳平、上声、去声四声相比，调类数目相等，但是内容的差别却很大。人们把《切韵》到现代之间声调的变化总结为三句话：平分阴阳，浊上归去，入派四声。

"平分阴阳"以声母的清浊为条件，清声母字（包括全清和次清）变成了阴平，浊声母字（包括全浊和次浊）变成了阳平。

《切韵》上声中的清声母字变成今天的上声，次浊声母字也跟清声母一样读上声，而全浊声母字变到了去声。

《切韵》的入声调到现代消失了，原来的入声字分别变到阴平、阳平、上声、去声四个调类之内。

练习与思考

1. 《切韵》是什么时代的著作？作者是谁？为什么说《广韵》是《切韵》系韵书的代表作？

2. 现代 f 声母的字在《切韵》音系中属于哪些声母？在三十六字母中属于哪些声母？

3. 止摄包含《切韵》哪些韵系？效摄包含《切韵》哪些韵系？

4. 深摄、咸摄原来有什么韵尾？现代变成了什么韵尾？《切韵》入声韵有哪几个塞音韵尾？

5. 根据平声分化的条件，辨别以下各字的《切韵》声母是清还是浊：

汤—堂　梯—提　牵—钳　千—前　超—潮　春—纯
苍—藏　村—存　筐—狂　亏—葵　攀—盘　批—皮

第十八章　唐诗宋词韵部

★ 教学内容提示

从唐代以后,近体诗的押韵都遵守"官韵",唐宋时期是《切韵》韵部系统的"同用""独用"的规定,元明清时期是"平水韵"。平水韵分106韵。古体诗大致押自然韵,随时代而有所变化。宋词押自然韵,人们归纳出18部。

★ 教学目的要求

懂得近体诗都押官韵。认识"诗韵"的形成过程:先有唐代的"同用""独用"的规定,后有金代人将206韵合并为106韵。唐代近体诗押韵跟"官韵"小有出入,即部分佳韵字归麻,真欣同用。了解古体诗是押自然韵的,唐代古体诗所押的韵部比官韵要少一些。宋词押自然韵分18部,比唐代古体诗韵部更少。

★ 重要名词概念

官韵　自然韵　同用　独用　平水韵　诗韵　平上去通押

★ 教学建议

● 要说明,"官韵"的同用、独用,是为了简化《切韵》分韵系统而规定的,因此平水韵的韵数比《广韵》少得多,但比历代的口语系统还是复杂一些,是一个只在书面上使用的系统。让同学分析一部分诗歌的押韵从而认识到平水韵的特点。古体诗的押韵用自然韵,其中有跟官韵一致的,也有不一致的,分韵数目比较少。宋词分韵数目比唐代古体诗还少,是由于语音演变造成的韵母简化。
● 本章所占课时约为音韵部分总课时的十分之一。

★ **各节教学要点**

第一节　近体诗的韵部

唐朝虽把《切韵》定为官韵,但是由于《切韵》是综合性的音系,比实际口语分韵细密,参加科举考试的读书人难于辨别那么多的韵,政府就作出变通的规定:允许一部分相近的韵可以"同用"。所谓同用,就是规定实际上已经合并了的两个或三个韵在作诗押韵时可以当作一个韵用;独用的韵就不能跟其他韵的字在一起用。此后近体诗一直都要遵守"官韵"的相关规定。宋王朝所定的同用范围又有所扩大,《广韵》的 206 韵到宋代实际上已经合并成 108 韵。金朝学者索性把同用的韵都合并在一起,并且略加调整,成为 106 韵的平水韵系统。

平水韵的最早著作是公元 1229 年金朝王文郁编写的韵书《平水新刊韵略》,分 106 韵;其后有公元 1252 年刘渊编写的《壬子新刊礼部韵略》,分 107 韵。元、明、清都把 106 韵的平水韵定为官韵,文人们把这个系统称为"诗韵"。

第二节　唐代古体诗的韵部

古体诗押韵不受官韵约束,多数古体诗押韵用自然韵。一般古体诗的押韵比近体诗要"宽",即有更多的《切韵》韵部可以合在一起押韵,韵部数目比近体诗韵部数目要少。因为押韵相对自由的缘故,古体诗的韵部会随着时代而变化,后代的人创作时不一定追随前代的模式,而是按照自己时代的实际语音押韵,所以每个时代有不同的韵部系统。

根据唐代诗人的作品,归纳出的韵部系统有平、上、去各20韵,比官韵少10韵;入声9韵,比官韵少8韵。

第三节　宋词韵部

宋词押自然韵。当代学者对全部宋词作品进行了分析,归纳出实际的韵部数目比唐代古体诗的韵部又少了很多。因为宋词有很多词牌是平、上、去通押而不是单押一个声调,所以宋词韵部一般只区分舒声韵部(平上去合在一起)和入声韵部。舒声韵部有14个,入声韵部有4个。

宋代古体诗的韵部系统跟宋词一致。

 练习与思考

1. 近体诗押什么样的韵部?分析一下你熟悉的几首律诗押的哪一韵。

2. 以下几首唐诗押韵跟近体诗有什么不同?

杜甫《石壕吏》、《兵车行》
白居易《宿紫阁山北村》、《轻肥》
3. 以下几首宋词押韵跟近体诗有什么不同？
苏轼《水调歌头·中秋》、《蝶恋花·花褪残红青杏小》
辛弃疾《摸鱼儿·更能消几番风雨》、《水龙吟·登建康赏心亭》

第十九章 先秦音系

★ **教学内容提示**

先秦的声母是从谐声字、异文、通假字等材料中研究出来的。先秦声母的突出特点是"古无轻唇音""古无舌上音""章组近端组""庄组近精组""日母近泥母""匣于合一",可能有复辅音。先秦的30韵部是根据《诗经》等诗歌韵文的押韵归纳出来的;韵部内还包含由介音区别的不同韵母。先秦已经有四声,但是有不少字的声调跟中古不相同。

★ **教学目的要求**

懂得上古声母的主要特点,认识到古声母与谐声字、异文、通假字的关系。上古韵部是从诗歌韵文押韵归纳出来的,是上古时客观存在的分韵大类,要以30部为框架看待上古诗文的押韵。上古的调类系统是跟中古音对应的四声;各声调的字大半一致,小半不一致,尤其是中古去声字在上古本为入声的很多。

★ **重要名词概念**

古无舌上音　古无轻唇音　阴阳对转　长入　短入

★ **教学建议**

● 给本章安排的课时较少,讲课内容扼要,应该适当布置课下练习,让同学分析材料。声母部分,给出若干组谐声字,让同学查一下每一组谐声字内包含中古哪些声母;给出若干条通假字及异文的材料,让同学分析通假、异文的语音条件。韵母部分,主要的要求是理解 30 韵部与《切韵》韵部的关系:一个上古韵部包含几个《切韵》韵部,一个《切韵》韵部可能分在上古两个或三个韵部。练习方式是让同学摘录若干段《诗经》片段的押韵字,查那些押韵字的中古音地位。
- 本章占用课时约为音韵部分总课时的十分之一。

★ 各节的要点提示

第一节 先秦的声母

研究先秦声母的主要材料是谐声字,其次则有古书里的通假字、异文以及汉代人的注音等。研究上古声母时,以中古音的三十六字母或《切韵》声母作为参照系统,如果中古音的两个声母在谐声字里大量使用相同的声符,或者互相假借、互为异文,就说明这两个声母在上古时代有密切关联,可能是同一声母,也可能是读音很接近的两个声母。

先秦声母系统的主要特点:

轻唇音读为重唇音,即没有轻唇音"非敷奉微",这套音的字原属重唇音"帮滂并明"。舌上音读为舌头音,即没有舌上音"知彻澄娘",这套声母的字原属舌头音"端透定泥"。

章组声母也接近于舌头音端组。庄组声母接近于精组声母。

日母接近于泥母(娘母)

没有独立的于母,《切韵》的于母跟匣母在上古是同一个声母。

上古汉语还存在两个以上辅音构成的复辅音声母。不过,究竟上古有多少个复辅音声母,哪些字是复辅音,还是一个难以说清楚的问题。

第二节 先秦的韵部与上古诗文押韵

先秦韵部主要从诗歌韵文的押韵归纳出来。近人王力定上古韵为30部,是数百年来学者对古韵分部的总结。

构成韵部的语音条件是韵腹、韵尾相同,但一个韵部里边还包含由介音区别的不同韵母。诗歌押韵以及谐声字等都不能反映出介音的差别,音韵学家就凭借《切韵》音系的韵、开合、四等条件,给各韵部分出不同的韵类,再为各韵类拟测出韵母。

阴阳对转:

上古的韵部分为收塞音韵尾的入声韵、收鼻音韵尾的阳声韵和收零韵尾以及元音韵尾的阴声韵。韵腹相同、韵尾属于相同发音部位的韵部之间的字有互相转移的现象,即:-m、-p之间对转,-i、-n、-t之间对转,-ø、-ŋ、-k之间对转,这叫做"阴阳对转"。

下面的30韵部表按照三类韵母的对转关系排列,同行者相配对转。

阴声韵	入声韵	阳声韵
之部 ə	职部 ək	蒸部 əŋ
支部 e	锡部 ek	耕部 eŋ
鱼部 a	铎部 ak	阳部 aŋ
侯部 ɔ	屋部 ɔk	东部 ɔŋ
宵部 o	药部 ok	
幽部 u	觉部 uk	冬部 uŋ

微部 əi	物部 ət	文部 ən
脂部 ei	质部 et	真部 en
歌部 ai	月部 at	元部 an
	缉部 əp	侵部 əm
	叶部 ap	谈部 am

说明每个韵部的内容时,难以把所有的单字都说出,通常是说该韵部包含《广韵》哪几个韵部。《广韵》有的韵部全在上古的一个韵部内,有的分散在上古的两个或更多的韵部内,后一种情况习惯上称为"某韵之半"。如说歌部内容,包括歌、戈、麻之半、支之半。

第三节　先秦的声调

从调类层面说,《诗经》时代也分四个声调,跟中古的平、上、去、入大致对应。但是有一部分字的调类跟中古不同,主要是中古的去声字有一些在上古是入声字,有一些在上古是平声字。

中古读去声而在上古本读入声的字数量很多,它们都是阴声韵部里的字,《广韵》的祭、泰、夬、废四韵在上古全都读入声韵(属月部),其余各阴声韵部的去声韵也几乎都有本读入声的字。

王力认为上古的入声韵母有长短的区别,其中的长入读高长调,后代变为去声,短入读低短调,后代变为入声。

还有上古本为平声而到中古才变成去声的字,有上古本读上声而到中古变成去声的字,有上古本读平声而到中古变成上声的字。

练习与思考

1. 谐声字有"或域蜮"、"韦围讳"、"有贿"、"云魂"等;《韩非子

·五蠹》"自营为私",《说文》引作"自环为私","营、环"是异文;《春秋》楚公子围,《史记·楚世家》作回,"围、回"是异文;《诗经·小雅·宾之初筵》"既立之监,或佐之史",其中"或"假借为"又"。以上这些材料说明哪一种上古声母现象?

2. 查出以下几段诗歌押韵字属于《广韵》哪些韵,注出它们的上古韵部。

《王风·君子于役》1章:君子于役,不知其期。曷至哉?鸡栖于埘。日之夕矣,牛羊下来。君子于役,如之何勿思!

《鄘风·定之方中》2章:望楚与堂,景山与京。降观于桑。卜云其吉,终然允臧。

《鄘风·定之方中》3章:灵雨既零,命彼倌人。星言夙驾,说于桑田。匪直也人,秉心塞渊,骍牝三千。

《鄘风·柏舟》:泛彼柏舟,在彼中河。髧彼两髦,实维我仪。之死矢靡它。

《邶风·燕燕》3章:燕燕于飞,上下其音。之子于归,远送于南。瞻望弗及,实劳我心。

第二十章 《中原音韵》音系

★ 教学内容提示

元代的《中原音韵》音系比《切韵》音系简单得多,比现代普通话音系要复杂一些。它的声母有 21 个,中古时代的声母合并了不少。韵部有 19 个,这是元曲押韵的系统。声调基本上跟现代音一致,只有清入声都读上声这一点与现代有显著的差别。

★ 教学目的要求

认识到《中原音韵》是元代北京地区的音系,跟现代普通话音系接近,跟中古音差别大。声母方面,已经没有了全浊声母,知庄章三组合并为一组卷舌音,非敷奉合一,影于以疑都成了零声母。韵母方面,韵部大量合并,入声韵变成了阴声韵,但还有闭口韵。声调方面,已经平分阴阳、浊上变去、入派三声。

★ 重要名词概念

曲韵　闭口韵　支思韵　车遮韵　入派三声

★ 教学建议

● 《中原音韵》音系是普通话音系的源头,这个音系接近于现代音,所以应该通过分析这个音系跟现代音的异同,来掌握它的特点。至于它跟中古音的比较就可以简略一些。关于韵部部分，要说明这个 19 部系统就是元曲的押韵系统。
● 本章所占课时约为音韵部分总课时的十分之一。

★ **各节学习要点**

第一节 《中原音韵》的声母

《中原音韵》共有二十一个声母，比中古汉语的声母大大简化。这个声母系统的主要特点是：

1. 全浊声母消失，原全浊声母字变成了清声母字。变化的结果跟现代北京话基本一致，比如浊塞音和塞擦音的清化以"平声送气、仄声不送气"为特点，浊擦音一律变成同部位的清擦音。

2. 舌上音知、彻、澄跟正齿音的照、穿、床（部分）、禅（部分）合流，成为卷舌音声母照母 tʂ 和穿母 tʂ'。舌上音的鼻音娘母跟泥母合并。

3. 轻唇音"非敷奉"三母合一，都变成 f。

4. 喻母的全部和疑母的大多数字并入影母，即变成了零声母。

以上各点跟现代北京音系一致。《中原音韵》声母系统不同于现代北京话声母的地方是：

1. 没有 tɕ、tɕ'、ɕ 这套声母，这套声母的字在当时仍然分别读见母 k、溪母 k'、晓母 x 和精母 ts、清母 ts'、心母 s。

2. 有唇齿半元音 ʋ，即微母仍然独立，还没有变成零声母。

3. 还有残存的 ŋ 声母（中古疑母少量字）

第二节 《中原音韵》的韵母

《中原音韵》共分 19 个韵部。跟《切韵》音系相比,《中原音韵》的韵部要少得多,中间的变化以合流为大趋势,但也有分化,关系相当复杂。主要的变化是:

1. 入声韵母全部变成了阴声韵母。《切韵》时代以 k、t、p 三个辅音作韵尾的入声韵母,到《中原音韵》这类韵尾全都脱落,入声韵母消失了,原先的入声字读成了阴声韵。

2. 很多阴声韵部和阳声韵部发生合并,有的原来一个韵摄就成为一个韵部,有的两个韵摄完全合并为一个韵部,有的是两个韵摄内的部分韵合并在一个韵部,如止摄大多数字和蟹摄三四等以及一等合口字合并成齐微韵。

3. 有的阴声韵部发生分化,产生了以前没有的韵母。新产生的韵母构成的韵部有支思韵和车遮韵。

《中原音韵》韵母跟现代北京话韵母之间存在明显的差别,大致有以下几点:

1.《中原音韵》的韵部比现代北京话要多。这个差别有两个原因造成,一方面,比现代音多收-m 韵尾的闭口韵部,这类韵母后来都变成了收 n 韵尾的抵腭韵。另一方面,作韵腹的元音比现代北京话多。

2.《中原音韵》有一个 iai 韵母,跟 ai、uai 同属于皆来韵,现代北京话就没有这个韵母了。

3.《中原音韵》有一个 io 韵母,跟 o、uo 韵母同属于歌戈韵,读这个韵母的字都是来自中古江、宕摄的入声字。这个韵母到现代变成了 yɛ,跟车遮韵的一部分字("掘绝阙穴月劣"等)同音了。

4. 现代北京话里的卷舌元音 ər 韵母是《中原音韵》所没

的。读ər韵母的字，即"儿而耳尔饵迩二贰"等，在《中原音韵》属于支思韵、日母，当时的读音是 z_γ。

5. 现代北京话的ə韵母是《中原音韵》所没有的。读这个韵母的字在《中原音韵》有的属于歌戈韵，韵母是 o；有的属于车遮韵，韵母是 iɛ；有的属于齐微韵，韵母是 ei；有的属于皆来韵，韵母是 ai。其中后二类都是占入声字。

6.《中原音韵》鱼模韵的细音韵母是 iu，其他韵部合口细音的介音也是 iu，这个二合音后来变成了一个 y，既单独充当韵腹，也作介音，即现代汉语的撮口呼韵母。

第三节 《中原音韵》的声调

《中原音韵》的调类系统已经和现代音一致了，分阴平、阳平、上声、去声。和传统四声比较，《中原音韵》的特点也基本上与现代音相同：

平声分化为阴平、阳平两个调类。分化条件是中古声母的清浊，全清、次清声母的平声字读成了阴平，全浊、次浊声母的字读成了阳平。

中古上声里的全浊声母字变成了去声。次浊声母并没有发生相同的改变，仍然读上声。

中古的入声调消失了，原来的入声字分别变成了阳平、上声、去声字。分派的条件是：原全浊声母字变为阳平，次浊声母字和影母字变为去声，清声母字变为上声。其中，全浊变阳平、次浊变去声和现代的北京话是一致的；只有清声母入声字一律变上声，和现代北京话不吻合。

练习与思考

1. 现代普通话的 tɕ、tɕ'、ɕ 声母在《中原音韵》时代读什么声母？试举一些例字。
2. 《中原音韵》的微母到现代读什么声母？试举几个例字。
3. 查一查王实甫《西厢记》押支思韵的一部分曲子，说明《中原音韵》的支思韵来自《切韵》哪些韵系，有什么声母条件。
4. 现代音的 an、ian、uan、yan 这一韵部的字，在《中原音韵》分属哪几个韵部？

阅读书目

唐作藩：《音韵学教程》，北京大学出版社，2000年。
王　力：《汉语语音史》，中华书局，1985年。